中華書局

U0061520

香港基層醫療健康護理服務 願景與挑戰

佘雲楚　李大拔　　周奕希　曾永康
蘇穎欣　陳胡安琪　彭耀宗　胡永祥
林國璋　何寶英　　方　毅

著

大中華研究中心
Centre for Greater China Studies

羅金義 主編

　　香港，經過幾代人數十年的辛勤努力，取得了輝煌的經濟成
就，奠定了作為國際金融、貿易、航運中心之一的重要地位，並
在國家現代化建設和國際經濟格局中發揮着特殊作用。在成為國
際化大都會的發展過程中，香港在許多方面都有精彩之筆，不乏
成功範例，積累了一系列成熟的經驗，值得認真總結，並推廣開
去，供人借鑒。

　　但是，毋須諱言，香港當下也正面臨着前所未有的困境和挑
戰。當今世界日趨激烈的國際和地區競爭形勢，特別是中國內地
的改革開放和經濟的快速發展，給香港造成空前巨大的壓力；同
時，香港社會內部始終存在着不易化解的深層次矛盾，加上紛爭
不斷、內耗嚴重等因素，給香港社會造成極大困擾，並直接影響
到香港經濟的可持續發展，致使香港競爭力不升反降。如何通過
全面總結寶貴的「香港經驗」，重新找回香港社會對自身前途和
命運的信念與信心，並主動對接國家發展戰略，謀求香港經濟持
續穩定的發展，不斷提升自身競爭力，保持已有優勢，是擺在香
港社會各界面前的嚴峻課題。

　　為此，香港三聯書店與香港中華書局聯袂策劃組織出版一套總
結、概括香港經驗的叢書，計劃在未來三到五年時間裏，邀請海內

外香港研究專家參與，凡涉及香港社會政治、經濟、文化各方面、各領域的先進經驗、成功案例，均可編寫成冊，列入叢書，力求全面展示海內外關於香港經驗的最新研究成果。

「香港經驗叢書」是一套相對開放的連續性出版物，起初列入的選題，包括香港的城市規劃、香港的房屋政策、香港的金融貨幣管理、香港的交通運輸管理、香港的醫療與社會保障制度、香港的法治與廉政建設、香港的公務員制度、香港的企業管治、香港的創意產業等等，過程中或會酌加增減調整。

為便於一般讀者閱讀，並方便相關培訓課程參考使用，叢書力求結構清晰，層次分明，文字風格深入淺出，通俗易懂。既有扎實的理論功底和較高的學術含量，又有較多的典型案例和操作方法；既追求嚴謹，又力戒空談，避免煩悶、複雜的理論論證。

我們相信，無論從香港自身發展的角度，還是從提供他人借鑒的角度，出版本套叢書都具有重要意義。

本叢書的編寫出版，得到香港和內地眾多學者的熱心關注和大力支持，在此謹表感謝。

三聯書店（香港）有限公司

中華書局（香港）有限公司

　　法國人類學大師克勞德・李維史陀（Claude Levi-Strauss）說，所謂創意，就是介乎科學知識和神話式意念之間。一方面，我們需要重新整理既存材料，這就是科學知識的任務；另一方面，我們也需要在既存材料當中開拓新路徑，俾能前行，而神話式意念往往就是憑藉。李維史陀這提法也許滿有法式知識份子傳統的趣味，但對於深受英美實用主義訓練的社會科學工作者而言，反而引發另一番感慨，當中包括日本研究名宿布賴恩・莫倫（Brian Moeran）：以亞洲研究而言，我們是否有着太多神話式意念，科學知識卻嫌不足？（參看 Brian Moeran,"Asian Studies: Scientific Knowledge or Mythical Thought？" *Asian Studies*, September 2015, 1[1]: 1-11）

　　香港研究跟莫倫心目中的亞洲研究是否有一些相似的經歷？那些年，遠在我們有意去整理什麼是「香港經驗」之前，已經有人張燈結綵似的將香港「成就」標籤為「奇蹟」，解說它是仰賴什麼「政策」促成；後來，甚至有「大香港主義」的傳奇；九七回歸前後，為「香港經驗」做「總結」的叢書巨著不一而足。然而幾番起落，香港成就又被稱為「例外主義」的一種；賴以成功的政策原來是文過飾非或者事後孔明；創造奇蹟、傳奇的範式和歷史都要被修訂和重新詮釋；今天，「香港經驗」還算得上是代表「成功」的符號嗎？莫衷一是，人言人殊。

人們也許需要神話式意念來突破成規、考據、意識形態的深嚴條塊，但未曾深究就忙於樹碑立傳，神話往往成為政治操作的文宣罷了。於是，我們選擇了為香港研究做最謙卑的工作，為既存材料重新整理。作者們都清醒明白，為香港經驗重整一幅盡量完整的圖像，並非要來定義它是偉大還是僥倖，也不是要標榜它可供臨摹還是只供月旦；大家堅持的是有根有據的闡釋，有板有眼的論述，也會顧慮到科際知識的互用，在理論參照之下的跨社會比較。是其是、非其非要有科學基礎，當香港經驗的根據、板眼都整理完備，它算不算是個「神話」，還有多重要呢？

感謝香港教育學院大中華研究中心的支持，以及中華書局（香港）有限公司同仁的推動，當然最重要是多得諸位毫不計較功名利祿的作者，令到這種深耕細作的項目，在這個計較亮眼噱頭、排名檔次、「影響因子」的時代，依然成為可能。

羅金義
香港教育大學大中華研究中心

編者序

自《醫學霸權與香港醫療制度》一書於 2017 年中出版後，受胡志城教授所託，籌辦一個關於基層醫療的座談會，探討基層醫療的理念，並討論政府、社區和不同醫療護理人員在基層醫療服務中的角色與及如何可以有更大的貢獻。該名為「香港基層醫療健康護理服務：願景與挑戰」的座談會由香港理工大學醫療及社會科學院與通識教育中心合辦，已於 2018 年 10 月 3 日順利完成。本書可說是該座談會的文字結集。

文字記錄是重要的，不僅因為政府已確立了發展基層醫療的政策方向，也因為只有通過文字記錄才可以有助更多社會各界人士了解相關政策，並參與對話，最後回應相關政策，令政府施政更為貼近民情。

本書作者來自不同背景，除了有多位醫療護理界別的學者外（其中有醫生、護士、物理治療師、職業治療師、眼科視光師及放射治療師），也有社會工作者、政府官員和區議員。當然還有筆者這名已退休的社會學學者。背景不同自然會有不同的觀點與立場。作為研討會籌辦者之一和本書編者，筆者無意也無力要求各參與者達成一致的意見，畢竟百花齊放才能令世界更多姿多彩，也更能激發讀者的反思。

　　在此再一次向協助籌辦該座談會的工作人員致意。也感謝
參與該座談會和本書的各位作者，在百忙之中仍願意抽出寶貴時
間，參與此一美事。最後，中華書局（香港）有限公司的爽快答
應，讓本書能順利出版，也值得表揚。

佘雲楚
香港理工大學醫療及社會科學院前任副院長

序一

　　香港的人口老化、慢性疾病問題日趨普遍、醫療服務需求日增，為我們的醫療系統帶來重大挑戰。為此，政府正努力優化醫療系統，確保它能長遠持續發展，繼續保障市民健康；而加強基層醫療是當中的首要一環。我們決心在醫療政策上作出改變，強化基層醫療健康在香港醫療系統的角色，並會在資源的投放上全力配合。

　　政府在 2017 年底成立的基層醫療發展督導委員會，正全面檢視現時基層醫療服務的規劃，制訂發展藍圖。同時，我們相信一個全人、全面、協調各界的基層醫療系統，能夠便捷地在社區內照顧個人健康需要，減少不必要的專科和住院需要，及糾正以急症服務作為求診首個接觸點的現象。為此，政府正密鑼緊鼓地籌備將於 2019 年第三季在葵青區以試點形式設立的地區康健中心，通過醫社合作、公私合營、地區為本的理念，提升個人健康管理的意識，加強疾病預防、強化社區醫療及復康服務，以及支援長期病患者。

　　正如 1978 年世界衛生組織通過的《阿拉木圖宣言》所述，基層醫療是達致「全民健康」的關鍵。通過整全的基層醫療系統，我們期望令市民對個人健康思維作一個範式轉移，促成大家求診習慣的轉變，由以治療為主轉變成加強預防疾病，長遠提升香港整體市民的健康水平。

　　基層醫療的發展需要全民參與。我感謝佘雲楚教授及各界熱心推動基層醫療發展的重要夥伴合力編撰《香港基層醫療健康護理服務：願景與挑戰》一書，展示本港基層醫療的各種挑戰及願景，讓讀者更了解基層醫療的重要性，思考個人生活和護理模式，改善自我健康管理。我們期待繼續與各界攜手，令香港的地區醫療系統更完善，令廣大市民的健康進一步提升。

陳肇始，JP
食物及衛生局局長

序二

　　香港特區政府健康與醫療發展諮詢委員會轄下的基層醫療工作小組（工作小組）於 2008 年 10 月重新成立，就發展本港基層醫療服務的策略提出意見。衛生署於 2010 年 9 月正式成立基層醫療統籌處，支援香港特區政府食物及衛生局推行加強基層醫療的策略，包括：制訂和推廣基層醫療參考概覽；建立和更新《基層醫療指南》；提升市民對基層醫療重要性的意識；並為食物及衛生局的基層醫療措施提供專業支援。及至 2015 年，健康與醫療發展諮詢委員會重組，接管基層醫療工作小組工作，大部分專責小組解散。儘管工作小組在解散時曾表示局方會就《基層醫療指南》所涵蓋範疇作出檢討，但至今仍未採取任何後續行動。

　　「香港基層醫療健康護理服務：願景與挑戰」座談會旨在闡述由醫療和非醫療專業人員提供的基層醫療服務。多年以來，各項受監管的醫療專業，包括：護理、眼科視光、物理治療、職業治療、放射和醫療化驗在基層醫療服務均取得了巨大進步。座談會讓多位講者凸顯各專業在基層醫療服務方面的貢獻。座談會的目標之一是鼓勵食物及衛生局讓各個專業一同參與建議中的地區康健中心工作，並能直接向公眾提供服務，加強與家庭醫生、牙醫和中醫緊密合作。

　　我們特別鳴謝食物及衞生局局長陳肇始教授在促進基層醫療方面發表非常鼓舞的信息，並感謝食物及衞生局副秘書長（衞生）方毅先生就有關政府的醫療人力規劃如何配合基層醫療服務的發展作出分享。座談會上所探討的各項要點將成為一份具價值的參考文件，描述本港目前基層醫療服務各方面的發展。我們更期望是次座談會可喚起基層醫療統籌處檢討及更新《基層醫療指南》所涵蓋範疇，以便公眾隨時獲得適切的服務。

胡志城
香港理工大學眼科視光學院榮休教授及高級顧問

目錄

【香港經驗叢書】出版說明   *ii*

【香港經驗叢書】序   *iv*

編者序 / 佘雲楚   *vi*

序　一 / 陳肇始   *viii*

序　二 / 胡志城   *x*

第一章　　從基層醫療到健康公平 / 佘雲楚   *1*

　一、引言

　二、「基層醫療」還是「基層醫療健康護理」?

　三、毋忘初心:《阿拉木圖宣言》之前世今生

　四、從基層醫療到健康公平

　五、有形無實的香港基層醫療政策

　六、結語

第二章　　發展基層醫療刻不容緩 / 李大拔   *53*

　一、過去三十年醫療服務改革總覽

　二、醫療生態環境的轉變

　三、基層醫療多元化的需求

　四、地區醫療系統與基層醫療護理服務

　五、結語:地區性基層醫療發展的挑戰

第三章　社區層面的基層醫療服務經驗 / 周奕希　69

一、引言

二、葵青區基層醫療服務的四大方向

三、推廣健康活動

四、傷害監察系統及研究

五、葵青健康城市美好未來

六、結語

第四章　專職醫療專業在基層醫療服務的角色：理念與限制 / 曾永康、蘇穎欣　84

一、引言

二、西方國家的基層醫療模型及其與專職醫療的關係

三、香港基層醫療簡介及其限制

四、地區康健中心模型及專職醫療的角色

五、如何強化專職醫療在地區康健中心的服務

六、結語

第五章　基層健康護理的願景和挑戰 / 陳胡安琪　96

一、引言

二、基層健康護理的策略

三、護士在基層健康服務的角色

四、基層健康護理的挑戰

五、結語

第六章　物理治療在基層醫療服務中處理中風的角色 / 彭耀宗　121

一、物理治療在基層醫療服務中的角色與功能

二、第一層預防：強身健體、健康生活

三、第二層預防：篩查高危、盡早干預

四、第三層預防：減低衝擊、防止併發症、惡化、復發

五、結語

第七章　放射診斷在基層醫療服務的角色 / 胡永祥　*137*

一、放射診斷

二、放射診斷在基層醫療服務的範疇

三、挑戰與前景

第八章　不容忽「視」：學生健康服務 / 林國璋　*144*

一、眼科視光師的角色

二、兒童的眼睛問題

三、香港的現況與外國的參考

四、可行的方案

第九章　「社區為基，預防為本」
**　　　　── 社會工作專業在促進**
**　　　　基層醫療健康護理的角色** / 何寶英　*155*

一、引言

二、基層醫療健康護理（PHC）是達致全民健康的關鍵

三、香港基層醫療的發展

四、社福界在健康促進的信念及願景

五、社福界在推行基層健康的優勢及角色

六、結語

第十章　政府的醫療人力規劃如何配合
**　　　　基層醫療服務的發展** / 方毅　*173*

一、香港的醫療系統

二、醫療衞生開支

三、香港衞生服務成績斐然

四、香港醫療系統面對的挑戰

五、醫療人力規劃和專業發展策略檢討

六、未來路向

七、結語

第一章
從基層醫療到健康公平

佘雲楚

（香港理工大學醫療及社會科學院前任副院長）

上醫醫國，中醫醫人，下醫醫病。

—— 唐代名醫孫思邈

醫學是一門社會科學，而政治即是放大了規模的醫學。醫學作為一門社會科學，一門關於人的科學，有責任指出問題和嘗試提供理論上的解決方案。而政治家 …… 則必須尋找實際的解決辦法。

—— 十九世紀德國病理學家維爾卓（E.R. Virchow）

一、引言

近年香港有關「基層醫療」的討論可謂甚囂塵上，其中一個原因是政府牽頭帶領相關的討論。衛生署雖然早於 2010 年 9 月已成立一個「基層醫療統籌處」，支援食物及衛生局推行加強基層醫療的策略，可惜到目前為止仍未見有很大成效，香港的醫療服務仍然以醫院為中心；醫管局仍然獲分派九成以上的共公醫療撥款，但醫管局屬下醫院的病床依然經常爆滿，每年在流感高峰期時則更見擠擁。

原因固然錯綜複雜，其中一個不容忽視的因素，是政府對「基層醫療」的理解過於片面和狹窄。而導致政府這種片面理解的最基本原因，則恐怕是政府本身的管治思維，基本上仍是由一種「新自由主義」（neo-liberalism）思想主導，以至政府所推出的「基層醫療」服務措施，大部分若不是隔靴搔癢、治標而不治本，便是政出多門、時而自相矛盾。事實上一個事事以狹義的經濟發展掛帥和維護既得利益的政府，又如何可能建立一套全面的「基層醫療健康護理」制度？而坊間的相關討論，亦甚少溯本追源，探討「基層醫療健康護理」這概念的源流、發展和含義。所以首先要處理的問題，是「基層醫療」及「基層醫療健康護理」這些概念到底所指為何。

二、「基層醫療」還是「基層醫療健康護理」？

根據政府的定義，「基層醫療服務，是個人和家庭在一個持續醫護過程中的第一個接觸點，目的是改善他們的健康狀況和預防一般疾病，以及減少需要接受更深切醫療的機會。基層醫療服務包括多種與保健和預防疾病有關的服務、治療性醫療服務，以及社區醫護服務。基層醫療服務的另一重要組成部分是 …… 公共衛生 …… 旨在保障全體市民的健康，在香港，這些公共衛生職能主要由衛生署負責」（食物及衛生局，2008：101）。2010 年出版的《香港的基層醫療發展策略文件》也有相近的解說：「作為整個醫療系統的首個接觸點，基層醫療涵蓋多方面的服務，包括促進健康、預防急性和慢性疾病、健康風險評估及疾病偵察、急性和慢性疾病的治療及護理、支援病人自我管理，以及為殘疾人士或末期病患者提供支援和紓緩治療。要提供上述全面的服務，我們需要採納以跨專業方式，由不同的醫護專業人員

（包括西醫、牙醫、中醫、護士、專職醫療人員及社區內其他醫療服務提供者）組成合適的團隊共同合作。」（食物及衛生局，2010：i）

但隨便翻看政府的相關文件，便會發覺政府的用語一般而言頗為鬆散。最常見的當然是「基層醫療」；「基層醫療健康護理」雖也偶有出現，但更多時候是其他的變奏，例如林鄭月娥在《行政長官2017年施政報告》就有關醫療服務的短短六百多字中便用上了「基層醫療」、「基層醫療系統」、「基層醫療服務」、「基層醫療護理」、「基層醫療健康」等詞（林鄭月娥，2017）。這種鬆散的用語，容易令人以為，它們的意義基本相同，甚至所謂「基層醫療」，也只不過是「基層醫療健康護理」的簡稱。

不過，在一份立法會文件中，香港政府卻罕有但明確地跟隨世界衛生組織（《西太平洋區域基於基層醫療價值觀的醫療系統策略》2010：12）的定義：「基層醫療健康護理與基層醫療息息相關，但又不盡相同。前者於基層、第二層及第三層醫療服務的層面上圍繞公共衛生的方針及個人護理的事宜。鞏固的基層醫療系統是以基層醫療健康護理理念為基礎的醫療系統的基石。然而，與基層醫療系統相連的第二層及第三層醫療服務亦相當重要，並必須與基層醫療系統扣連。」（立法會秘書處，9/2/2018）

換言之，「基層醫療」與「基層醫療健康護理」兩者雖然相關，但卻絕不等同。「基層醫療」（Primary Care，下稱PC）指的是病人與醫療制度接觸的第一級／層，來自不同專業背景的基層醫療人員會協調其他醫療專科人員共同為病者提供所需服務，或轉介病者往專科醫生接受二級／層醫療（Secondary Care），或往醫院接受三級／層醫療（Tertiary Care）。至於「基層醫療健康護理」（Primary Health Care，下稱PHC），則建基於一個更廣義，以人為本的「健康」概念：「健康不僅是疾病與體虛的匿跡，而是身心健康社會幸福的總體狀態，是基本人權，達到盡可能高的健康水平是世界範圍的一項最重要的社會性目標，而其實現，則要求衛生部門及其他多種社會及經濟部門的行動。」（WHO, 1978: 2）

　　港府把 PHC 和 PC 分別譯作「基層醫療健康護理」和「基層醫療」亦不理想。「基層」一詞在香港已屬流行語，而一般用法主要指社會內物質條件並不豐裕的普羅市民。所以不少市民誤以為「基層醫療」是專為基層市民而設的醫療服務。但「基層醫療」中的「基層」，指的卻是市民通常接觸醫療服務的第一個環節；固然 "Primary Care" 中的前置詞——"Primary"——應譯作「初級」較為恰當；亦同時減少不必要與「基層市民」混淆而產生的誤解。再者，把 PC 譯作「初級醫療」還可接受（若譯作「初級照護」則更能反映英文的原意），但把 PHC 譯作「基層醫療健康護理」卻絕不妥當。作為參考，內地及澳門把 PHC 譯作「初級衛生保健」，而台灣則譯為「基層醫療照護」。兩岸三地的譯法均各有不善之處。「衛生」一詞在香港的語境底下略嫌狹窄，且容易與「公共衛生」混淆——PHC 當然涵蓋公共衛生，但卻遠不止於此；而「保健」一詞更會令人錯誤地與醫療保健產品產生聯想。至於「護理」一詞，則略嫌個體化，不宜用作一項政策或制度名稱，而應以「照護」取替（你可以「護理」一名病人，卻只能「照護」一個社會人口）。整體而言，「基層醫療健康護理」的稱謂不單累贅，更容易予人政府有意為各醫護專業「分餅仔」的感覺。筆者認為，若要把 PC 和 PHC 更加清晰地區分，前者可譯作「初級醫療」或「初級照護」；而後者則應譯為「基礎健康照護」。因為 PC 指的是病人與醫療制度接觸的第一點，所以是「初級」的。而 PHC 則指整個影響市民健康的社會政策背後的主導理念。PHC 中的 "Primary"，不是指第一層級的醫療服務，而是指整個有關市民健康的社會政策，是維護市民健康最為「基礎」的政策；

所以較為恰當的翻譯是「基礎健康照護」。當然，筆者自知人微言輕，不可能改變政府已慣用的詞彙，是以本文會盡量使用英文縮寫（PC, PHC），但在討論香港的情況時亦只能沿用香港官方用語，而在涉及國際層面時則會用內地用語，是為政治正確。

　　筆者不厭其煩地討論 PC 及 PHC 的翻譯問題，旨在帶出命名的政治性與重要性——語言反映思維，語言混亂既反映思維上的混亂，也會造成行動上的挫敗。事實上，即使英文 PHC 的稱謂亦不理想，亦容易與 PC 產生混亂（Muldoon, Hogg and Levitt, 2006）。世衞本身也認為，「關於 PHC，並不存在一個統一而又普遍接受的定義。即使是阿拉木圖的文件中也充滿含糊性，這概念經常同時被用來討論一個醫療服務的層級和一個關於整體醫療政策與服務的提供」（WHO, 2003: 106）。但若換一個角度看，Muldoon 等人和世界衞生組織（WHO, 2003）本身也可能不大理解何謂阿拉木圖精神。由世衞和聯合國兒童基金會（UNICEF）聯合於 1978 年 9 月 6 至 12 日在前蘇聯境內阿拉木圖市召開的 PHC 大會可說是差不多所有有關「基層醫療健康護理」和「基層醫療」的討論起點，其報告 *Report of the International Conference on Primary Health Care*（WHO, 1978）（包括其《宣言》）確實沒有把 PHC 和 PC 清晰地區分，原因正是沒有這個需要。廣義的 PHC 本就包括了一個穩固的基層醫療系統（PC）；另一方面，只談 PC 而忽略 PHC，也是一種對 PHC 精神的背棄——而這亦正正是「基層醫療」在香港發展的寫照。一些人士所認為《阿拉木圖報告》（WHO, 1978）和《阿拉木圖宣言》（世界衞生組織，1978）中有關 PHC 的含糊性，也的確讓不同的政府和擁有權力的組織有可乘之機，讓他們可以不須直接批評、否定 PHC 的理念，卻也可以把持着 PHC 後來的發展軌跡。正因如此，若要認真討論 PHC 的理念，我們仍有必要溯本追源，簡單地回顧這段歷史。

三、毋忘初心：《阿拉木圖宣言》之前世今生

　　阿拉木圖會議、其報告和宣言所倡導有關 PHC 的理念及其發展史，可說是世衛歷來最重要、爭議性最大，而又最峰迴路轉的一項提議（Bryant and Richmond, 2008）。二次大戰後，世界進入了一個冷戰和後殖民時代，以美國為首的西方陣營首先幫助歐洲和日本重建經濟，繼而向新獨立的第三世界國家推銷一套以「發展」（development）為主調的國際策略綱領，目的是要阻止蘇聯勢力擴張（對蘇聯陣營更採取直接的經濟封鎖和地緣圍堵政策）。但自二十世紀六十年代起，西方出現了一片反傳統醫療制度的聲音。很多由西方先進國家資助及籌劃的醫療計劃，在落後地區實行上遇到不少問題，其中尤以企圖杜絕瘧疾的醫療計劃，均以失敗告終。其失敗原因，除了部分因為政府行政失效和貪腐問題外，主要還是這些醫療計劃多以西方的經驗為藍本，尤其以醫院治療為主體，配以先進昂貴但往往並不切合當地情況的醫療科技所致。這種由上而下的計劃（vertical programs），往往被認為是不切實際，不能針對當地特殊情況。與此同時，西方社會內部亦出現了很多新研究，指以醫院治療為主體的服務模式，不單成本高昂，效果亦不理想，固應朝着社區照護（community care）的模式改革發展。這些研究正好與一股反醫學霸權的浪潮結合；其中最為著名的，是加拿大的拿朗迪報告（Lalonde Report）（Lalonde, 1974），Illich（1976）以及 McKeown（1976）等著作。在 McKeown 及其他學者影響下，拿朗迪報告率先指出，影響健康的四大因素，並非傳統的生物醫學（biomedicine），而是我們的體質和基因特性、外在環境、生活習慣和醫療制度。這份報告更被喻為是「西方世界的第一份官方文件，明確承認我們以往過於着重以生物醫學為本的醫療制度（a biomedical health care system) 是錯誤的」(Hancock, 1985: 10)。

也是在二十世紀六十年代的中後期,中蘇關係的破裂讓美國有機會藉拉攏中國而孤立蘇聯,中國知悉美國意向後即積極回應。經過一輪「乒乓外交」的互動後,第 25 屆聯合國大會最終於 1971 年 10 月 25 日通過《聯合國大會 2758 號決議》:「恢復中華人民共和國政府在聯合國的一切合法權利。」雖然如此,進入二十世紀七十年代之後,國際和國內局勢之發展卻對美國相當不利。越戰持續失利、石油危機爆發及其對全球經濟的負面影響;以至國內的種族問題、反越戰運動和女權運動等,均令美國的霸權地位有所下降。另一方面,中國進入聯合國後自然希望可以有點作為。適逢中國的「赤腳醫生」制度頗受第三世界國家、多個非政府組織(NGO)、宗教及社運團體讚賞,認為是值得學習的對象;中國遂計劃與世衞合作,籌辦會議分享經驗。蘇聯起初反對,但隨後為了與中國爭奪發展中國家的支持,便毅然轉軚,更願意出資二百萬美元作為籌辦會議的經費,條件是該會議必須於蘇聯境內舉辦。如此一份厚禮,世衞自然難以拒絕;最後中國亦只能暗然退出(Banerji, 2003; Cueto, 2004; Bryant and Richmond, 2008)。

時任世衞總幹事的馬勒(Dr. H.T. Mahler,世衞總幹事任期:1973－1988)及其團隊,和基督教醫務委員會(Christian Medical Commission, CCM)的努力,亦應記一功。在他們的合作下,世衞早於 1975 年便確立 PHC 的發展方向(Braley, 2014; Bryant and Richmond, 2008; Litsios, 2004),並聯同聯合國兒童基金會於 1978 年 9 月在前蘇聯的阿拉木圖[1] 召開了國際初級衛生保健會議,會中宣佈《阿拉木圖宣言》(Alma Ata Declaration)(世界衛生組織,1978;WHO, 1978),並重申 PHC 是實現 1977 年所訂下的目標——「2000 年人人健康」——的關鍵。阿拉木圖會議確立了以下的

PHC 原則：

(一) 健康是基本人權 ——「大會茲堅定重申健康不僅是疾病與體虛的匿跡，而是身心健康社會幸福的總體狀態，是基本人權，達到盡可能高的健康水平是世界範圍的一項最重要的社會性目標，而其實現，則要求衛生部門及其他多種社會及經濟部門的行動」。

(二) 公平 ——「人民健康狀態 …… 內部現存的嚴重不平等，在政治上、社會上及經濟上是不能接受的」。

(三) 公民參與 ——「人民有 …… 參與他們的衛生保健的權利與義務」。

(四) 政府責任 ——「政府為其人民的健康負有責任」。

(五) 多介面合作（intersectoral cooperation）——「除衛生部門外，還涉及到國家及群眾發展各有關部門及有關方面，特別是農業、畜牧、食品、工業、教育、住房、群眾工作、交通及其他部門；並要求所有部門的協作」。

(六) 相應性科技（appropriate technology）—— 指醫療服務不要盲目引入昂貴的高新科技，而應因應當地情況而作出取捨。

《阿拉木圖宣言》並以非常樂觀的態度重申要達至「2000 年時使所有人民的健康達到令人滿意的水平」這目標並不困難，認為國際社會只要「通過更充分、更完善地使用世界資源 ……〔便可實現這目標〕，而現時資源中為數可觀的一部分卻耗費在軍備及軍事衝突上。一項真正的獨立、和平、緩和及裁軍政策將能而並也應能挪出額外的資源真正用於和平的目的，特別是用作加速社會及經濟發展進程，而作為其主要部分的初級衛生保健應撥付給相應的份額」。（世界衛生組織，1978；WHO, 1978: 5-6）可以想見，《阿拉木圖宣言》由一開始便被批評為過於理想主義、範圍太闊和不切實際。班娜治（Banerji）認為，「PHC 企圖改革各國的醫療服務制度，以令醫療技術能夠真正為社區服務；並確保那些扭曲醫療服務的元素 —— 強勁的市場力量、不合理的專業霸權、醫源病以及對醫療科技的迷戀 —— 得以糾正」（Banerji, 1984: 270）。正如馬勒在第 32 屆世界衛生大會中表示，PHC 的理念把發展醫療服務與社會的整合發展互相扣連，爭取提升一個社會的健康水平就是要爭取這個社會進一步的民主化；因為後者對社會的整合發展和健康水平均有正面的提升作用（Mahler, 1979）。明顯地，《宣言》及其所代表對改革社會的野心，深深地觸動了既得利益集團的神經，後者更差不多即時作出反應。班娜治在另一篇文章指出：「阿拉木圖會議之後，一個由富裕國家和貧窮國家統治精英所組成的集團，並在世衛、世界銀行、世界貿易組織及其他國際組織的協助下，對顛覆該《宣言》之 PHC 理念做了不少功夫。」（Banerji, 2003: 813）

　　在阿拉木圖會議短短一年之後，洛克菲勒基金會（Rockefeller Foundation）便推出一項名為 "Selective Primary Health Care" 的計劃（中文姑且譯為「選擇性初級衛生保健」計劃。以下簡稱 SPHC），其目的正是要把《宣言》的理念漂白。SPHC 的意思，是認為 PHC 這構思太過抽象，涉及範圍亦過於廣闊，要改革的事務亦難以在有限的資源下和時間內完成；所以發達國家對貧窮國家人民健康的援助，應以市場力量為主導，把資源和精力集中於個別規模較小的計劃中。說穿了，這實際上是要回到以前的舊有模式中去。PHC 的支持者當然並不同意，認為所謂的 SPHC 實際上是一個自相矛盾的概念（oxymoron），因為 PHC 原本就是一個宏大的願景和計劃，在

PHC 之前加上「選擇性」這前置詞，其實際效果是把它廢掉！他們並與 SPHC 的倡導者進行辯論。辯論的核心爭拗點正是關於 PHC 本身的意義，即到底 PHC 所為何事的問題。支持者認為 PHC 必然和必須是整個社會改革的一部分，而另一方則認為 PHC 只應是在現存醫療制度中增添或強化一些服務。PHC 的支持者認為 SPHC 雖然有它的優點，如目標更為清晰、較容易量度其成效等，但它基本上是背棄了《阿拉木圖宣言》的精神和原則，特別是 SPHC 並沒有處理任何有關「決定健康的社會因素」（social determinants of health）在致病及服務規劃等方面的問題。[2] 本身是阿拉木圖會議合辦者之一的聯合國兒童基金會，也開始逐步淡化其對 PHC 的支持，並於 1983 年轉投 SPHC 的懷抱（Bryant and Richmond, 2008: 158; Hong, 2004: 30）。

可以說，PHC 從來就沒有多少機會在很多個國家或地區得以全面落實。這除了因為醫藥界內的保守勢力反對外，更與「新自由主義」的迅速冒升有關。1979 年，戴卓爾夫人（Margaret Thatcher，英國首相任期：1979－1990）領導的保守黨在英國大選勝出；隨後，代表共和黨的列根（Ronald Reagan，美國總統任期：1981－1989）亦於 1980 年底的美國大選中勝出，入主白宮。他們二人的政治主張及政策路線，一般被稱為「新自由主義」（neo-liberalism）；其主要政策包括：縮減公營部門和公共服務、出售公共資產、削減福利和公共服務、商品和勞動市場的去規管化（後者包括瓦解工會勢力）、減免稅率、資本市場自由化、推動自由貿易，和在公營部門引入一連串的「新管理主義」措施（new managerialism）如外判工作、衡工量值、內部市場、瘋狂問責、連環審計等。在過往的四十年間，這些新自由主義政策和新管理主義措施並沒有因為政黨的輪替而改變；無論是貝理雅（Tony Blair，英國首相任期：1997－2007）領導的工黨政府或民主黨克林頓（Bill Clinton，美國總統任期：1993－2001）掌政的美國政府，以至後來無論哪個政黨執政的英、美政府，走的大致上仍然是新自由主義路線。新自由主義路線更成為美國政府撐腰的「華盛頓共識」（Washington Consensus）[3]，令新自由主義的影響，更加無遠弗屆。與「華盛頓共識」發佈的同年（1989），蘇聯陣營面臨解體，美國日裔政治學者福山（Francis Fukuyama）更發表了一篇影響深遠，名為〈歷史的終結〉的文章，歌頌西方的所謂自由民主體制和資本主義路線，乃是人類至今（甚至永遠）無可匹敵的終極最佳社會制度（Fukuyama, 1989）。

這些新自由主義措施對英國、美國，以至全球的經濟增長容或有所貢獻（但學界仍存有爭論）；但無可爭議的是，新自由主義所帶來的經濟增長，並未能惠及大多數普羅市民。新自由主義者所擁抱的所謂「滴漏效應」理論（trickling down effect）——即政府不需要搞什麼扶貧措施，而只需搞好經濟增長，因為市場「自然」會把經濟增長的果實，慢慢地分派到每一社會階層，令所有人受惠——更早已破產。與其說「滴漏效應」理論是一種一廂情願的想法，更毋寧是一個製造社會不均的藉口。2012年曾蔭權（香港特首任期：2005－2012）在卸任特區首長一職時，被問及可有何遺憾，便曾回應指最令他遺憾的，是誤信了「滴漏效應」的理論。無奈香港的高官，通常只會在退休或離任後才會說點人話。曾蔭權的遺憾，也沒有改變之後政府的施政方針。在新自由主義當道下，無論香港、英國、美國，或全球的貧富懸殊問題卻日益嚴重。樂施會（Oxfam）每年均會發表報告，反映全球的不平等狀況。由2015年起，全球最富有的1%人口，其擁有的財富便多於其餘99%的人口；其中最富有的62人所擁有的財富便多於全球最貧窮的一半人口（Oxfam, 2016: 1-2）。到2017年，全球最富有的43人的財富，已等同全球最貧窮的一半人口的總財富。而在 2018 年，更下降至只有 26 人的財富便等同於全球最貧窮的 38 億人的財富！（Oxfam, 2019: 12）即使在富裕國家，絕大部分的中下階層人士不單未能享受經濟發展所帶來的好處，更要面對全球化帶來愈來愈不穩定的工作環境（即所謂「工作的優步化」/「零散化」，"the uberization of work"，與愈來愈多的「漂流工種」，"precarious work"）、科技和新管理主義措施所帶來的工作壓力，和愈來愈差的公共服務和社會保障。[4] 明顯地，新自由主義當道下推出的一連串政策和措施所造成的後果，在在均與 PHC 的精神背道而馳。

香港方面，用以量度社會收入不均程度的堅尼系數[5]在過去數十年間持續上升，由 1986 年的 0.453 和 1996 年的 0.51，升至 2006 年的 0.533 和 2016 年的 0.539。[6] 香港特區政府的外判工作和招標評分準則，更為人詬病，是造成近年貧富愈趨懸殊和在職貧窮的罪魁禍首之一（陳澔琳，2019）。樂施會 2016 年發表的《香港貧窮狀況報告（2011－2015）》，指出「檢視香港過去五年（2011－2015）貧窮情況，發現貧富差距不斷擴大，2015 年最富有的一成家庭的每月收入是最低收入的 29 倍，全港首 18 位富豪的資產已相當於政府所有可動用的財政儲備。過去五年，貧窮戶數不跌反升，貧窮家庭數目在 2015 年已增加至近 46 萬戶，當中超過 18 萬戶屬在職貧窮，獨居及二人長者貧窮戶數目更大幅增加逾兩成」（樂施會，2016：2）。樂施會 2018 年的報告更發現，最富裕和最貧窮的一成住戶的每月收入差距已增至 44 倍，而生活在貧窮線下的人口，已達 130 萬！（樂施會，2018）顏寧（2018）指出，世界經濟論壇（World Economic Forum）於 2018 年公佈的年度競爭力報告中，香港的競爭力較前一年跌了一位，在 140 個經濟體中排名第七。然而，香港勞工權益卻只得零分。港人不單沒有集體談判權，工時也是全球最長，而假期日數卻排尾

香港基層醫療健康護理服務：願景與挑戰

四。香港的勞工權益，與其他先進國家比較，落後最少一世紀！

受新自由主義和華盛頓共識的影響，世界銀行（World Bank，下稱「世銀」）在 1993 年發表了一份影響深遠，名為《全球發展報告 1993：投資健康》（World Development Report 1993: Investing in Health）的報告書。該報告書建議各國政府若想提升人民的健康水平，必須「首先改善經濟環境，讓個別家庭有能力提升其成員的健康狀況。第二，政府在醫療服務的開支，應集中於為貧窮人士提供具成本效益的服務。第三，在醫療服務的提供和融資上，政府需要促進更多的選擇和競爭」（World Bank, 1993: iii）。這表面上看沒有什麼問題，更有點像老生常談；但實際上卻是為市場力量取代公營醫療服務背書。與世衞不同，世銀並非一隻「冇牙老虎」；它背後是以美國為首的西方陣營，與及龐大的商業利益集團所操控，並掌握貸款給有需要國家的生殺大權。該報告書建議公營醫療服務應該只集中於公共衞生的提供和最基本的醫院服務；這無疑是要為跨國醫療集團開拓市場（Hong, 2004；Rao, 2004）。事實上，這份報告書亦開啟了日後多國（包括香港）的所謂「醫療體制改革」（Health Sector Reform），而改革的重點正是以經濟利益為前提的醫療服務改革 —— 什麼「用者自付原則」、「錢跟病人走」、「醫療融資」、「平衡公私營醫療服務發展」等等，全都是它的直接或間接產品。該報告書雖也承認貧窮為健康的一大威脅，但對如何改變貧富懸殊問題卻三緘其口，而只強調貧窮影響健康，以及如果市民有更好的健康，便會帶來更大的經濟增長云云。正如德華齊與蘇利雲在其編輯的一部有關公營醫療服務私營化的專著中表示：「各國政府 …… 突然對私營化服務及重劃公、私的界線大表興趣。他們以為私營市場能夠提供足夠資源以繳付和維持一個提供全面性服務的〔醫療〕制度。…… 這假設明顯大有問題。」（Drache and Sullivan, 1999: 1）無巧不成話，也是自 1993 年起，香港政府開始發表了多份關於醫療體制改革與醫療融資的諮詢文件，不斷嘗試在《醫院管理局條例》中關於本地公共醫療系統「不應有人因缺乏金錢而不能獲得適當醫療」這「原則」中鑽空子，努力為削減公營醫療服務尋找借口（詳見佘雲楚，2013；Shae, 2016）。

世銀的報告書 —— 就像之前 SPHC 的倡導者一樣 —— 當然沒有明目張膽地批評《阿拉木圖宣言》或 PHC 的理念，其目的雖與 PHC 的理念相反，但其手段卻不是要公開否定它，而是要漂白它，使之可以有不同的詮釋；馴化它，使之沒有威脅性；進而騎劫它，使之可以被利用。至此，一個新時代 —— 一個不斷削弱公營醫療服務、一個不斷不惜以公帑補貼私營醫療服務的嶄新時代，但又同時不斷強調健康和醫療服務重要性的怪異時代 —— 已經降臨。

隨着馬勒於 1988 卸任世衞總幹事一職後，世衞對 PHC 的倡議工作亦轉趨低調；就連世衞自己在 2000 年出版的世界衞生報告中 ——《醫療系統：提升表現》（World Health Report 2000, Health Systems: Improving Performance） —— 也用上了愈來愈多如「提升效能」、「如何提高業績」、「加強公、私營醫療部門合作」等新自由主義的概念和術語。直至陳馮富珍（世衞總幹事任期：2007－2017）於 2007 年上任世衞總幹事一職後，世衞才又再強調對 PHC 的倡議工作。在陳馮富珍還未正式履任的時候，她已向世界衞生大會（World Health Assembly）表明她對 PHC 的支持（Chan, 2006）。[7] 上任一年後，她便在阿拉木圖這個具歷史和象徵意義的地方召開一個重申 PHC 重要性的會議，並發表一份名為《初級衞生保健：過去重要，現在更重要》的 2008 年世界衞生報告（世界衞生組織，2008；WHO, 2008）。陳馮富珍在會議中指出：

當健康被視為一種可以買賣的商品，只會導致浪費資源和失效。有人認為市場力量會自動調節，把問題處理；但這卻鮮有出現。相反，你只會看到更多的無謂測試和醫療程序、更長的住院時間、更高的醫療成本，和更多的人因為負擔不起而被拒於治療的門外……。初級衛生保健是一項以人為本、預防與治療兼顧的醫療政策取向……。《阿拉木圖宣言》發表之後的經濟不景……令多個國家在重整它們的財政計劃時，犯下了不少重大錯誤，把用於醫療健康和基本社會服務的資源大幅削減……。但醫療制度本身不會自動地朝着更加公義和有效率的方向發展。……深思熟慮的政策決定是必須的（Chan, 2008）。

這番說話可以說是對新自由主義主導下的社會政策的當頭棒喝，但對改變新自由主義的霸權地位和政策路線，卻絲毫沒有影響。2008年也是發生全球金融海嘯的一年，多國陷入前所未有的債務危機而需要國際性組織如世銀等的貸款協助，而「協助」條件又是新一浪的緊縮政策（austerity measures）[8]——削減公共服務和開支、進一步開放市場和放寬對金融業的規管、售賣公共資產、削減利息……。以美國為首的富裕國家，則以公帑補貼一些「大得不能讓它們倒下」的私人企業；並以「量化寬鬆」（quantitative easing）的金融政策，大力「吹谷」金融、股票和房地產市場。而那些獲公帑補貼而得以幸存的私人企業高級行政人員，則繼續享受天價薪酬。凡此種種，均令貧富更加懸殊，民怨沸騰。PHC 的理念和價值自可不斷重申再重申，但新自由主義當道的現實卻沒因此而有所改變。由 1978 至 2018 這四十年間，均曾經間竭地出現過一些重申 PHC 價值及理念的嘗試，但早已恍如隔世，就如中國昔日曾一度引以為傲的醫療制度，亦早已被市場化的巨輪輾得支離破碎（Zhang and Unschuld, 2008），而中國的「赤腳醫生」制度亦於 1981 年壽終正寢（McConnell, 1993）。

四、從基層醫療到健康公平

但這並不表示我們應該放棄對 PHC 理念的追尋，相反，我們更應採用一個更為進步的 PHC 理念，並用以比較香港推行基層醫療的情況，凸顯政府目前做法的不足和不當之處，從而推動政府朝着一個真正以人為本的施政方向邁進。那我們應該怎樣理解 PHC？或者可以這麼說，一個全面性的 PHC 必須包括一個健全的基層醫療制度，但同時亦要朝着締造一個更具「健康公平」（health equity）的社會方向邁進。「健康公平」又與「決定健康的社會因素」（social determinants of health）關係密切；社會科學在過往數十年的研究顯示，無論以收入、資產、職業、職位、教育水平或文化及社會資本（cultural or social capital）等指標來量度個人在社會階梯（social ladder）上的位置，均與其壽命長短和健康狀況有明顯的關聯。這種「健康不平等」或「健康不均」（health inequality）的情況在過往四十年間——亦即是新自由主義當道期間——更是變本加厲。由於有關這方面的研究可謂浩如煙海，以下只能略舉其中較為重要或經典的研究發現：

一、早在十九世紀，一些前衛思想家如馬克思的拍擋恩格斯（Friedrich Engels）、英國社會改革家赤域克（Edwin Chadwick）和布夫（Charles Booth）、社會醫學先驅和有「現代病理學之父」之稱的維爾卓（Rudolf Virchow）等，已覺察到社會階級、社會不均、貧窮等，均與健康狀況有明顯關聯，並推動改革。隨後百多年的研究亦不斷反覆證實處於低下社會階層和低收入水平的市民，其健康狀況亦較處於較上層者為差。這除了因為收入水平直接影響人民的物質生活水平外，也影響人民的社會資本和關係網絡，從而間接影響他們的健康狀況（Acheson, 1998；Bartley, 2004；Berkman and Glass, 2000；Black, 1980；Braverman and Egerter, 2008；Chetty et al., 2016；Kaplan, 1996；Link and Phelan, 1995；Marmot and Wilkinson, 1999；Marmot Review, 2010；Uphoff et al., 2013；Whitehead, 1987；Wilkinson, R. and Marmot, 2003）。其中赤廸等（Chetty et al., 2016）發現美國最富裕的 1% 男性較最貧窮的 1% 男性平均壽命差異為 15 年，而最富裕的 1% 女性則較最貧窮的 1% 女性長活 10 年。而不論男女，貧富之間的平均壽命差異近年更逐年遞增；與此同時，美國人的預期壽命卻由 2015 年起連續三年出現下跌。英國的情況也差不多。居住在英國最貧窮和最富裕地區的男性，其平均壽命差異在 2010 年為 9.1 年，但到 2015 年已增至 9.2 年；而同期女性的差異則由 6.8 年增至 7.1 年（Campbell, 2017）。孟姆特（Marmot）在一系列有關英國公務員健康的研究發現，低級公務員在多種疾病的病患率均遠高於高級公務員。前者的死亡率更是後者的 3.6 倍！孟姆特等更提出了一個概念 ——「健康的社會坡度」（social gradient of health），意即健康差異不僅存在於最高級與最低級公務員這兩極之間，而是存在於整個公務員等級制度之中。換言之，公務員的健康狀況會隨着職級的下降而每況愈下；反之亦然。他和他的研究團隊更發現，所有其他的健康風險因素如吸煙、高膽固醇和高血壓等的因素，固然會隨着職級下降而增加；但這些健康風險因素合起來也只能解釋到不足三分之一的健康差異（Marmot, 2004；Marmot, et al., 1978；Marmot et al., 1991；Marmot et al., 1996；Marmot and Shipley,

1996；Rose and Marmot, 1981；North et al., 1993）。

　　二、工作性質與環境嚴重影響員工的健康狀況。這除了一般的所謂職業病外，還包括不同工作性質與機構管理文化的重要性。江考薩（Kornhauser, 1965）的經典研究發現，技術水平要求愈低、重複性愈高、挑戰性和薪酬愈低的工作，對員工的健康狀況有愈壞的影響。其主要結論 —— 即工作滿足感與精神健康關係密切 —— 亦被後來多項研究證實。而一份由美國衛生、教育及福利部於 1972 年出版關於工作與健康的報告指出：「一個長達 15 年關於老齡化的〔追蹤〕調查發現，最能預測壽命長短的因素是工作滿足感。其次為整體生活的開心程度。…… 其他因素當然也重要 —— 飲食、運動、醫療服務以及遺傳因素；但研究顯示這些因素只能解釋百分之二十五的冠心病。即是説，即使膽固醇、血壓、吸煙、血糖、血清尿酸等風險因素在完全被控制的情況下，也只能解釋少於四分之一的冠心病病發率。雖然相關研究並未能作單一定論，資料顯示工作角色、工作環境和其他社會因素很大程度上構成了餘下的四分三之風險因素。」（O'Toole et al., 1972: 62-64）除了由機器控制工作節奏及速度、散件計的工資、工作過程缺乏與別人溝通接觸機會、極權化的管理模式，以及對工人作巨細無遺的監管措施等早已耳熟能詳的「健康殺手」外（Navarro, 1986；Shannon et al., 1997），近年的研究也指出以下的工作性質與環境亦會對員工的健康狀況帶來嚴重負面影響：沉悶而缺乏學習機會的工作（Marmot and Theorell, 1988）、工作要求高但員工卻並不賦予相關技能或權責（Karasek and Theorell, 1990）、員工的付出與回報不相稱（Siegrist, 1996）、開放式辦公室的設計（Oommen et al., 2008）等。

　　三、英國著名的《布萊克報告》（Black Report, 1980）強調社會階級和物質生活水平不單影響人們當時的健康，對兒童腦部發展和日後的健康也非常重要。這論點亦被後來的研究多次證實（Barker, 1991；Braverman and Egerter, 2008；Hertzman and Wiens, 1996；Järvelin, 2000；Kaplan, 1990；Power and Hertzman, 1997；Wilkinson and Pickett, 2018）。

四、個人的健康狀況不單取決於其收入水平，也取決於整體社會收入的分配。收入分配愈不均的社會，其健康不平等的程度亦愈大（Kaplan et al., 1996；Kawachi and Kennedy, 2006；Waldman, 1992；Wilkinson, 1986, 1992）。威建臣與碧格特（Wilkinson and Pickett, 2009）比較多國數據，指出社會貧富差異愈大的地區，市民的平均健康水平便愈差（受影響的包括：平均壽命、平均身高、嬰兒夭折率、初生嬰兒體重、市民自報健康狀態、愛滋病感染率和精神病病發率等）。

五、一個社會的貧富愈懸殊，市民之間的互信程度和市民對政府的信任程度便會愈低，而其平均健康水平則愈差，平均死亡率也愈高（Kawachi et al. 1997；Kawachi and Kennedy, 2006；Mustard, 1999）。威建臣與碧格特（Wilkinson and Pickett, 2009）指出，社會不平等除了令整體市民有較差的健康外，也是眾多社會問題的罪魁禍首。社會的互信互助程度、濫用藥物及酗酒、兒童教育表現、社會流動率、青少年懷孕率、謀殺率、監獄囚禁率等，均與社會不平等的程度相關。

六、當一個社會已發展到能夠滿足人民的基本生活需要時，再多的經濟增長也不會自動令其人民的健康水平提升；除非政府實施具一定規模的資源再分配政策，讓普羅市民能夠真正分享到經濟增長的成果（Wilkinson, 1994, 1996；Wilkinson and Pickett, 2009）。以平均國民產值（per capita GNP）計算，經濟增長只能解釋到不足一成國與國之間平均壽命的差異（Wilkinson, 1992）。

七、香港相關研究即使數目不多，[9] 其結論也大致上與其他地方的吻合，即個人健康水平確實與其社會經濟地位相關（吳婉英，2017；Cheng et al., 2002；Chung et al., 2018；Koo, et al., 2006；Wang et al., 2018；Woo et al., 2008 等）。

德格林與韋凱迪（Dahlgren and Whitehead, 1991）綜合各方研究，建立了一個「決定健康的社會因素圖」，用以解說影響健康的各項社會因素。此圖從此風行甚廣，下圖來自近年在香港推行基層醫療及健康公平甚力的志願組織「醫護行者」，因其為此圖附上中文翻譯（醫護行者把 "Social Determinants of Health" 譯作「健康的社會決定因素」，作為直譯這並沒有錯，但筆者則認為「決定健康的社會因素」較為符合中文語法）：

圖 1-1：決定健康的社會因素圖

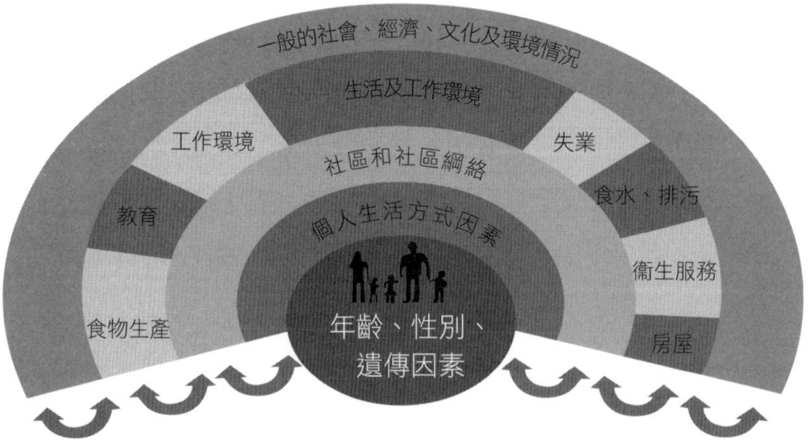

資料來源：Dahlgren and Whitehead, 1991，轉引自「醫護行者」網站。

　　一些人士或會認為，有關「決定健康的社會因素」的研究所展示的數據 —— 例如低下階層物質生活條件較差、健康狀況較差、使用醫療服務率較低，以及社會整體不平等和健康不均情況持續惡化等 —— 只能說明健康及社會不均是客觀存在於社會中的事實，但這與該社會是否「公平」並無必然關係。「社會或健康不平等」所指涉的是一些客觀現象，採用的基本上是描述性的語言，而「社會或健康不公平」則涉及主觀性較大的價值判斷。兩者中間似乎存在着一道不可逾越的鴻溝，意即我們根本不可能從一些事實的陳述推論出一些價值判斷 —— 例如我們不能夠從「這個香橙含有豐富維他命 C」這一事實陳述，推論出「所以你應該要把它吃下」這一價值判斷 —— 否則我們便犯上了一個哲學上稱之為「自然主義的謬誤」（naturalistic fallacy）。[10] 這個問題通常有兩種處理方法：社會學的方法和哲學的方法。[11] 前者不傾向直接討論何謂公平或不公平的準則，而是嘗試用證據去否證一些社會主流或官方觀點。例如資本主義社會本就是一個極度不平等的社會，但政府或一些既得利益者卻經常強調資本主義社會仍然算得上是一個公平的社會，因為我們的社會是一個用人唯才，能者居之，亦即「英才當道」的社會（meritocracy）。社會內各階層人士雖然出身不同，但卻均能享有「平等機會」（equal opportunity）參與公平的競賽。所以雖然社會人士有「不平等的結果」（inequality of outcomes），卻也只反映不同人士的資質差異和所付出的努力多寡，完全無損社會的公平性。對此，威建臣與碧格特（Wilkinson and Pickett, 2018）所作的回應，是一個典型的社會學回應方法 —— 他們並沒有直接挑戰到底一個「英才當道」的社會是否公平（或怎樣的財富分配才算公平），而是搜羅證據去證明那些所謂「平等機會」、「用人唯才」、「能者居之」等口號，其實全是謊話連篇，與客觀事實相距萬里。在一個貧富懸殊的國度裏，根本就不可能有真正的「平等機會」和公平競賽；因為所有的既得利益者，均會千方百計地讓他們的子女「贏在起跑線上」。所謂「英才當道」的宣稱，亦只不過是為一個不均不公的社會嘗試建立其合理性的措辭罷了！

哲學的回應方法，就是嘗試建立一套界定公平與否的準則；而在健康公平這議題上，最著名和影響力最大的，要算韋凱迪的一篇文章（Whitehead, 1991）。[12] 她認為從「健康不平等」這事實陳述跳到去「健康不公平」這價值判斷，要滿足兩項先決條件：一、這些健康差異是無需要和可改變的（"unnecessary and avoidable," p. 219），二、這些健康差異必須是被視為不公平的（"unfair and unjust", p. 219）。她並以七項健康的決定因素為例，進一步解說「健康不公平」這價值判斷的理據：

表 1-1：韋凱迪之「健康不公平」論

不可改變的決定健康因素	可改變的決定健康因素
自然的生物性差異，如年齡對身體的影響、男女之別等。	惡劣的工作和生活環境。
短暫的健康優勢，如學童防疫注射計劃也得按地區或學校作先後處理。	對衛生及其他公共措施使用不足的各種因素。
基於自由選擇的有害健康行為，如爬山、滑雪、跳傘等。	「被迫的」（"forced"）有損健康行為，如因貧窮而引致的營養不良。
	由身體轉差而導致收入下降，再令健康惡化而最後失業的所謂勞動市場的「自然選擇」（"Natural" selection or health-related social mobility）。

資料來源：Dahlgren and Whitehead, 1991: 219.

韋凱迪認為上表左欄那三項「不可改變的決定健康因素」所造成的健康差異，在一般情況下並不構成任何的「健康不公平」；相反，上表中右欄那四項「可改變的決定健康因素」所造成的健康差異，卻有很大機會構成「健康不公平」。她承認，是否真的構成健康不公平的判斷，還須看具體事例和細節；但她認為其中最重要的考慮因素是當事人有沒有能力控制那些因素。世衛屬下的泛美洲衛生組織（Pan American Health Organization）在 1999 年 10 月出版的一份文件，認為要判斷有健康不公平的情況，要滿足三項條件。頭兩項均源自韋凱迪，即分別為「這些健康差異是可以改變的」和「必須與自由選擇無關」。新增的第三項條件為「該宣稱必須能夠建立該等健康差異與須要負上責任的能動者的關係」，其中「須要負上責任的能動者」（responsible agents）所指的，除了是直接造成這些健康不公平的人士或機構外，也包括政府，後者必須負上事前監管不力和事後糾正的責任（PAHOWHO, 1999: 6）。所以，一個名副其實的 PHC 制度，除了必然涉及並積極回應多項對健康有影響的社會因素外，更應朝着一個健康公平的社會方向邁進。而後者又必然與一個有良好管治能力的政府息息相關。可惜近年的多樁事件 —— 由對食物、食水安全至空氣污染的規管，到對公營機構如港鐵和醫管局等的監察，再到官員事後的解釋和跟進 —— 均令人對香港政府的管治能力大感失望。一葉已然知秋，更何況回歸後香港政府的管治敗象記錄簡直可用罄竹難書來形容（顧汝德，2019）。香港的基層醫療發展計劃，又如何能夠打破宿命？

五、有形無實的香港基層醫療政策

若單從政府多年來推出與基層醫療相關政策與措施看，可謂琳瑯滿目，五花百門，令人覺得政府對基層醫療的支持與投入是何等的堅決和巨大。筆者甚至懷疑究竟有沒有一個負責處理相關工作的官員能一口氣悉數數出這些政策與措施。表 1-2 臚列了一些較為重要、與基層醫療相關的政策與措施的推出年份：

表 1-2：香港基層醫療政策與措施發展表

年份（月）	政策／措施名稱	政策／措施內容
1989	成立「基層健康服務工作小組」	
1990	《人人健康，展望將來》報告	審視香港的基礎醫療並作出建議。
1990	醫管局成立	改善了醫院及專科服務的質素，卻將基層醫療與第二、三層醫療服務分割。
1994	成立婦女健康服務	為 64 歲或以下婦女在全港三間婦女健康中心提供健康促進服務。
1995	成立學生健康服務	為小學及中學學童在全港 12 間中心提供健康促進服務；亦有外展服務。
1998	成立長者健康服務	由長者健康中心及長者健康外展隊伍組成，為長者提供基層醫療服務。
2000－2007	改善母嬰健康院	為 5 歲以下兒童及家人提供促進兒童健康服務。
2003	醫管局接收衛生署轄下的普通科門診以發展家庭醫學	以改善公營醫療系統基層醫療服務與第二層醫療服務的融合，使家庭醫學專科醫生的專職訓練得以加強和精簡。
2003	設立公營中醫門診診所	由醫管局、非政府機構和本地大學以三方夥伴協作模式，從而促進以循證醫學為本的中醫藥發展，以及為本地中醫學位畢業生提供受訓機會。
2004	成立衛生防護中心	加強傳染病和慢性疾病的防控工作。
2005	健康與醫療發展諮詢委員會	對本港整個醫療系統的服務提供模式進行了檢討，當中涵蓋了基層醫療服務、第二層醫療服務、第三層和特別醫療服務、長者、長期護理和康復護理服務、公營和私營醫療系統的融合以及基礎支援。

（續上表）

年份（月）	政策／措施名稱	政策／措施內容
2005（7）	發表《創設健康未來》討論文件	重申香港應創設健全的基層醫療系統： - 提倡着重持續、全面和全人護理的家庭醫生概念； - 通過公眾教育和家庭醫生，強調對疾病的預防；以及 - 鼓勵和促進醫療專業人員與其他專業人員合作，提供協調的服務。
2005（12）	醫管局推出 18 間「家庭醫學專科診所」	加強現有的專科門診服務，並提升家庭醫學專科在社區的角色和功能。
2008（3）	發表《掌握健康掌握人生》醫療改革諮詢文件	提出了全面方案以改革醫療體系的建議，包括加強基層醫療發展，重點有： - 制訂基層醫療服務的基本模式，特別是提供持續、着重預防、全面及全人的醫療服務； - 設立家庭醫生名冊； - 資助市民接受預防性護理； - 改善公營基層醫療服務；以及 - 通過公私營協作，加強公共衛生職能。
2008	《2008/09 施政報告》	公佈一系列加強基層醫療的措施，包括： - 成立「基層醫療統籌處」（2010 年 9 月成立），統籌香港基層醫療的發展； - 制訂着重預防護理的基層醫療服務模式； - 推動「家庭醫生」概念； - 推行「長者醫療券計劃」、「社區健康中心」等。
2008（6）	「天水圍基層醫療合作計劃」	為期三年，讓病情穩定、長期需要在公營普通科門診所跟進病情的長期病患者，選擇由政府提供部分資助接受私家醫生的診治。參與計劃的病人只需繳付與普通科門診所收取的相同診金。
2008（10）	重新成立「基層醫療工作小組」	由食物及衛生局局長擔任主席，就發展本港基層醫療的策略提出意見。工作小組轄下成立了三個專責小組，當中包括：（1）發展基層醫療模式及臨床指引、（2）建立《基層醫療指南》及（3）探討適當的服務提供模式以改善本港基層醫療。
2009（1）	推出「長者醫療券計劃」	通過提供部分資助，試行「錢跟病人走」的概念，讓長者選擇社區內最切合其需要的私營基層醫療服務，並試行資助基層醫療服務的新模式。 2014 年正式成為本港恆常長者支援項目。
2009－2010	「長者疫苗資助計劃」	65 歲或以上的長者可獲資助接受由私營界別提供的季節性流感和肺炎球菌疫苗注射。
2009－2010	「兒童流感疫苗資助計劃」	資助六個月至六歲的兒童接受由私家醫生提供的季節性流感疫苗注射。

（續上表）

年份（月）	政策／措施名稱	政策／措施內容
2010（9）	成立「基層醫療統籌處」	衛生署支援食物及衛生局推行加強基層醫療的策略。主要工作包括： - 制訂和推廣基層醫療參考概覽； - 建立和更新《基層醫療指南》； - 通過不同途徑（例如電視劇集、電視宣傳片和互聯網平台等），推廣基層醫療的重要及家庭醫生概念，以提高市民的認識和關注； - 支援食物及衛生局探討以社區為本的基層醫療服務（例如社區健康中心及地區康健中心試點計劃）。
2010	「基礎牙科護理及口腔衛生專責小組」在基層醫療工作小組下成立。	專責小組會就香港基礎牙科護理的發展、推廣口腔衛生的策略和措施、相關特定先導計劃和研究調查的制訂和推行以及就加強牙醫及其他支援醫療人員的專業發展的策略和措施提出建議。
2010（12）	食衛局發表《香港的基層醫療發展策略文件》	提出改善基層醫療服務的主要策略和路徑，確立基層醫療為長遠發展方向： - 公佈設立《基層醫療指南》； - 發展跨專業醫療服務團隊； - 加強跨界別協作以改善優質醫療服務的供應； - 着重以人為本的醫療服務和提升病人能力等； - 預留資源進行基層醫療研究項目。
2014	「大腸癌篩查先導計劃」	
2016	「免費子宮頸癌疫注射先導計劃」	
2017	《2017/18 施政報告》	為進一步體驗醫社合作成效，食衛局會於兩年內在葵青區設立新運作模式的地區康健中心，並逐步在各區設立地區康健中心。由政府出資，按地區需要和特色，通過公私營合作提升市民預防疾病的意識和自我管理健康的能力，支援長期病患者，減輕專科及醫院服務的壓力。 發揮跨專業團隊更大效用，增設護士診所、加強藥劑師臨床藥劑服務。 政府會每三年為一周期，按照人口增長比例和人口結構的變動，逐步遞增給醫管局的經常撥款，讓醫管局能更有效地持續應對人口增長和高齡化衍生的人手和服務需求。 盡快落實已預留 2,000 億元撥款的十年公營醫院發展計劃，並在未來五年開展下一步的公營醫院發展規劃工作。

（續上表）

年份 （月）	政策／措施 名稱	政策／措施 內容
2017 （11）	成立「基層醫療健康發展督導委員會」	由醫護專業界別的主要人士／代表（包括家庭醫學、護士、中藥、藥劑學、物理治療及職業治療）、學者、非政府機構及地區組織組成。 就基層醫療健康護理服務制訂發展策略和藍圖。
2017	成立「葵青區地區康健中心試點計劃工作小組」	就地區康健中心試點計劃的規劃、落實和檢討提供意見。

　　以上為筆者在有限資源時間內搜羅到的有關香港的基層醫療政策與措施，難免掛一漏萬；但若用以了解政府的思維模式及發展策略，卻也游刃有餘。筆者無意就以上各項目作詳細評述，而只能抽出若干重點進行討論。首先要指出的，是以上各項雖有其貢獻，但仍只算是 PC 而非 PHC；用政府的語言，是香港政府有「基層醫療」的相關政策措施，但對「基層醫療健康護理」的處理卻乏善足陳。食物及衛生局在 2010 年出版了一份《香港的基層醫療發展策略文件》（下面簡稱《文件》），當中指出：

　　　　要改善本港基層醫療，我們需要：

　　　　1. 發展由跨專業團隊提供的全面醫療服務；

　　　　2. 改善個人醫療服務的持續性；

　　　　3. 改善不同界別的醫護專業人員之間服務的協調；

　　　　4. 加強以預防性的方針，應付主要疾病所帶來的負擔；

　　　　5. 加強跨界別協作，以改善優質醫療服務的供應，尤其是為長期病患者提供的醫療服務；

　　　　6. 着重以人為本的醫療服務和提升病人能力；

　　　　7. 支援專業發展和質素改善；

　　　　8. 加強架構及基礎設施的支援以應付轉變。

（食物及衛生局，2010：11）

作為一份有關「基層醫療」的發展策略文件，卻竟然對「基層醫療健康護理」的理念隻字不提，可謂十分令人失望。即使以狹義的「基層醫療」而言，該文件及後來政府推出的相關措施，也有不少值得商榷地方。以下就當中一些要點提出幾項質疑。

第一，「發展由跨專業團隊提供的全面醫療服務」及「改善不同界別的醫護專業人員之間服務的協調」──基層醫療的落實有賴跨專業團隊的合作，無可否認，政府在這方面已作出一些改善，卻仍遠遠不足。香港的醫權一向過大，其他專職醫療人員在醫學霸權的陰影下根本難以全面發揮所長（佘雲楚等，2017）。特別是大多數專職醫療專業，必須經醫生轉介才可以為病人提供服務。另一方面，各專業之間亦不能夠互相轉介病人，或轉介病人給醫生。這除了造成延誤診治和浪費資源等問題外，也令這些專職醫療專業難以在現時政府表面上積極推行的基層醫療框架中作出更大貢獻。更有部分專職醫療專業未有立法註冊制度，缺乏政府監管，而只靠個別專業團體自行監察，或依賴處於外國的相關專業團體所提供的指引規管。因此，這些沒有立法註冊制度規管的醫療專業便難以參與基層醫療服務。據聞政府已開始為一些未有立法規管的醫療專業建立註冊制度，但進展緩慢。

第二，「改善個人醫療服務的持續性」──《文件》認為「優質醫療服務其中一個不可或缺的支柱，是能夠在人生各階段維持其持續性，有助改善醫療成效，特別是對於慢性疾病的治理，以及長者和母嬰護理。較具持續性的醫療服務，有助病人較易得到服務、減少再次入院的次數、減低專科和急症服務的使用、及能更有效發現接受治療後的不良影響」（食物及衛生局，2010：12）。但《文件》隨即指出：

在香港，保持醫療服務的持續性是一項重大挑戰，原因是：

- 專科服務和跨專業醫療服務的發展，令病人需要前往各醫療機構尋求不同提供者的服務，情況日趨普遍。

- 「經常轉換醫生」的現象相當普遍。⋯⋯

- 雖然醫管局擴展了內部的電子健康記錄互通系統，並且與私營界別推行了病人健康記錄互通的試驗計劃，但跨界別的病歷和治理計劃資料的互通仍然需要進一步發展。

（食物及衞生局，2010：13）

以上第一項與第三項挑戰同屬技術性問題，相信隨着電子健康記錄互通系統的成熟及其他措施的配合，或可望得到部分解決。倒是「經常轉換醫生」這現象，政府目前似乎仍未有具體措施處理。「經常轉換醫生」這現象涉及的，當然就是「家庭醫生」在整個基層醫療服務系統中所扮演的角色和功能。事實上，政府把「家庭醫生」視為推行基層醫療服務的核心措施——2010年出版的《香港的基層醫療發展策略文件》，全名便以「家庭醫生」為首，叫作《家庭醫生，照顧身心、醫護夥伴，健康同行——香港的基層醫療發展策略文件》。這本來無可厚非，但香港的基層醫療服務中的家庭醫生仍然是以私營醫生所主導，令家庭醫生發揮不到其應有的功能。這裏主要有兩個問題：

（一）私營醫生或診所在各區的分配問題——香港的私營醫生或診所主要集中於市區的核心地帶，而新發展的個別地區卻出現不足情況。以往政府在興建大型公共屋邨時，均會預留地方，以較便宜的租金租予私人醫生作診所之用。但自從2004年房委會把屬下大部分商場售予領匯（現稱「領展」）後，令情況出現惡化。領匯會以商業考慮收回舖位，或大幅加租，令不少社區私人醫生經營困難。再加上港人一般工時長、假期少，就醫時往往只求便捷，轉換醫生便時有出現。

（二）另一問題是私營醫生或診所的收費形式 —— 香港私營醫生的收費，多採用顧客逐次付款的模式（fee-for-service）。這種付款模式的弊端，除了難以保持醫療服務的持續性外，也增加了少部分醫生「拖症」、濫開藥物和濫收費用的風險。有學者認為「只要有〔基層醫療〕服務提供者可以像商業般收費和營運……，資源和服務的分配便會遭受扭曲」（Donner, 1999: 256）。

「家庭醫生」制度之所以在西方一些國家較為成功，是因為這些國家多屬「福利國家」（welfare state）。在這些國家中，能接受適當的醫療服務被視為基本人權；而絕大部分的「家庭醫生」也像政府僱員般，向政府收取固定薪酬（部分地區的醫生或可收取少量私家症）。政府會因應各社區的人口數目和特性，分配相應的家庭醫生數目，令醫生在社區的分配問題，不至太差。而家庭醫生的收入，亦取決於其所服務社區的病人名冊數目和特性而定，即按人頭計算（capitation system）。換言之，假若一名家庭醫生的病人名冊內有1,000 人，則無論這些病人在一年中接受多少次診治，該名家庭醫生的收入仍然不變。如英國國民保建計劃（National Health Service）自建立起（國民保建法案於 1946 年通過，1948 年生效），已統攬了普通科門診市場，為所有家庭醫生支付年費。唯其如此，家庭醫生才能真正擔起「守門人」的角色，有需要時才轉介病人入院或專科醫生跟進，而市民亦必須經過轉介方能享用醫院服務。病人從專科醫療或醫院返回社區亦是由家庭醫生負責跟進。這樣的家庭醫生才能成為整個基層醫療制度的中心；亦只有這樣，「病人的第一接觸點」才具有真正的意義。反觀香港，「家庭醫生」的構思，似乎主要為醫學界提供多一門專科，以便為「家庭醫學專科醫生」在醫管局內增加晉升機會，或在私營市場內提高診費；兩者均直接導致政府經常在口頭上引以為戒的醫療通脹問題。

第三，「加強跨界別協作，以改善優質醫療服務的供應」——《文件》提到的這點，固然與《阿拉木圖宣言》遙相呼應，可也是政府最弱的一環。目前政府在這方面的工作，主要是環繞醫社合作，如地區康健中心試點計劃的規劃、社區護士診所等；而這些構思也只集中於醫療服務的供應。政府並沒有以「全民健康」的視野統籌各部門合作；相反，政府各部門各自為政，政策上互不協調的事例，甚至在同一政策範疇內推出互相矛盾的措施，卻多若繁星。在健康及醫療相關範疇內，范寧便曾指出：

> 政府一方面鼓勵居家安老，另一方面在財政預算案提出稅務寬免措施，若父母或祖父母入住安老院舍，長者住宿照顧開支的扣除上限將由現時 9.2 萬元增加至 10 萬元，變相鼓勵子女送年長父母入住安老院。他又調侃指，衛生署去年 11 月底公佈《人口健康調查報告書》，呼籲市民不要飲酒，但事隔半個月，商務及經濟發展局便與阿根廷簽署葡萄酒相關業務合作諒解備忘錄，冀促進葡萄酒貿易及投資推廣等。政府揚言推動基層醫療，但……現時社區內各組織運作割裂，服務內容毫無協調，難以有實質成效（吳婉英，1/3/2018）。

政府若真心「加強跨界別協作」，首先便要做好政府內部的跨部門合作。要做好這點便應引入近年由芬蘭帶頭、歐盟和世衛緊接倡導的「所有政策面向的健康工程」策略（Health in All Policies, 以下簡稱 HiAP）。HiAP 這概念及相關討論早在 1990 年代便在芬蘭出現，及後被歐盟和世衞採納（Leppo et al., 2013；Ollila et al., 2006；Stahl et al., 2006）。HiAP 的理念，旨在推動各國政府制訂不同政策的同時加入健康因素（determinants of health）的考慮，從而改善市民健康情況，並通過政策執行，促使全民在日常生活中得到公平機會獲取健康。這概念特別強調市民健康不只是衞生部門的責任，各級政府部門也應負起責任，將健康效應納入其決策過程中，以全體政府與全體社會上下的動員，促進以人為本的社會發展，共同擔起健康促進與非傳染病防治的責任，才能有效地採取應對措施。世衞亦於 2013 年第 8 屆健康促進全球會議正式提出 HiAP（台譯「所有政策面向的健康工程」），呼籲通過跨部門公共政策，系統地將健康效益評估納入決策過程、尋求綜效以及避免造成負面效益，在各面向、各層級，提升決策者對健康的當責性，以提升人民健康及改善健康不平等（WHO, 2014）。醫護行者把 HiAP 譯作「融合健康的社會政策」也無不可，下圖便形象化地表達了 HiAP 的意念。

圖 1-2：跨界別協作下的基層醫療（融合健康的社會政策，HiAP）

資料來源：Dahlgren and Whitehead, 1991，轉引自吳婉英，2018 年 3 月 1 日。

香港基層醫療健康護理服務：願景與挑戰

反觀食衛局的《文件》，其「跨界別協作」所「建議的模式〔只〕是以不同醫護專業人員共同協作、病人的參與，以及社區和其他界別互相配合作為基礎」（食物及衛生局，2010：21），或「由衛生署、醫管局、私營醫療界別、大學及／或非政府機構以不同的模式參與和協作」（食物及衛生局，2010：26）等有限度的跨界別協作；與前文所述及的 HiAP 理念比較，高下立見。

　　第四，「着重以人為本的醫療服務和提升病人能力」──政府對何謂「以人為本」的醫療服務的理解，亦同樣狹窄。政府認為，「以人為本的醫療服務和提升病人能力，是有效預防和控制疾病的關鍵。以人為本的醫療服務，目標是要增強人們對健康的認識、加強個人的參與，以及提升病人促進健康和更妥善治理疾病的能力」（食物及衛生局，2010：16）。這裏可以清楚看到，原來「以人為本」只是手段，一項「預防和控制疾病」的「有效」工具而已！這裏更反映出政府認為什麼是對「健康」的正確「認識」──即是「提升病人促進健康和更妥善治理疾病的能力」。筆者無意反對這句說話，但這裏對健康的理解卻是狹窄得令人擔心，更與世衛的理解不同。前面已說過，《阿拉木圖宣言》認為「健康不僅是疾病與體虛的匿跡，而是身心健康社會幸福的總體狀態，是基本人權，達到盡可能高的健康水平，是世界範圍的一項最重要的社會性目標，而其實現，則要求衛生部門及其他多種社會及經濟部門的行動」（世界衛生組織，1978）。換言之，一個以人為本對「健康」的理解，必定以增強每一個人的自主性為目標，並協助每一個人在面對生理、心理和社會的限制底下，仍然能夠在認知、情緒和行動層面上發揮最大可能的自主性。健康的重要性──健康的價值──就在於為我們提供一個較為安全的基礎，讓我們能夠在將來可以有更廣濶的天空，更多的選項和更大的空間得以展現自我。所以，健康從來都不是，也不應該是，一個值得我們追尋的終極目的；而只能夠是為增強我們的自主和自由之工具。這恐怕才是「以人為本」的正確意義。否則，把「健康」視作為凌駕於「人」的終極價值，只會導致「健康法西斯主義」的早日降臨，以「健康」之名，恣意侵蝕市民得來不易的權利與自由。

從最近有關長者醫療券的爭論及政府最終的處理手法，也可一窺政府的精英主義和家長主義心態如何與「以人為本」的理念相悖。長者醫療券計劃自 2009 年推出以來便廣受爭議。爭議的焦點主要有兩點：一是長者對醫療券的「誤用」。醫療券計劃的原意是希望協助長者支付一些預防性的醫療服務，但中文大學公共衛生及基層醫療學院的長者醫療券研究顯示，醫療券交易主要用於治理偶發的急性症狀，佔 58%；而用於監察和跟進長期病，以及預防用的，則分別只有 28% 和 9%，與原本的目的相差頗遠。該研究更發現，醫療券推出後病人使用公立醫院服務的比例不跌反升，由 73% 增至 78%，有違輔助公營醫療服務的政策原意。換言之，醫療券的推出反而製造更多醫療服務的需求。中大公共衛生及基層醫療學院院長、前衛生福利及食物局局長楊永強便促請政府檢視並重新設計計劃以達至政策目標，包括進一步鼓勵長者恰當地使用醫療券作慢性病篩查和管理之用（《明報》，12/3/2019 a）。

另一關注點是服務提供者對醫療券使用者濫收費用的問題，甚至視乎長者的醫療券餘額而抬價或為該長者提供不必要的服務。香港社區組織協會及香港老人權益聯盟進行「基層長者醫療券使用狀況調查」，發現 59% 受訪基層長者認為曾因用醫療券被收取不合理費用，同時有 9% 受訪者表示曾覺得因為使用醫療券，而被進行不必要的醫療服務或被推銷非醫療商品（朱韻斐，23/9/2018）。中文大學的長者醫療券研究更發現，這種抬價現象在近年更有惡化的趨勢（《明報》，12/3/2019 b）。審計署（《新浪香港網》，12/11/2014）

和消費者委員會（2018）更早已就此問題促請政府檢討該計劃，但政府在 2019 年 3 月 11 日公佈的長者醫療券檢討報告，卻把濫收費用問題的責任，推向視光師，並建議規定長者每兩年不能用多於 2,000 元醫療券金額配眼鏡。

視光師業界內的害群之馬，可能較其他醫療服務界別為高；但這不等於其他業界沒有濫收費用的問題。政府在行使公權力時，應一視同仁，絕不能予人有厚此薄彼之感，否則只會自毀長城。長者醫療券計劃的根本問題，其實不在於個別業界的不良份子，或長者如何使用不當；而在於以「健康」之名，動用公帑選擇性地補貼部分私營企業，從而動搖「公權力」的根基。問題的癥結，本就是公營服務的不足。類似醫療券的計劃，本應只屬短期措施，為政府爭取時間，改善公營服務。因為無論市民如何善用醫療券，或服務供應者如何自我克制，長者醫療券計劃的自然及必然結果，是令醫療通脹問題更加惡化。但政府卻在 2014 年把該計劃正式變成為恆常長者支援項目。至於該計劃的種種問題，政府亦只懂以權宜之法，不公平地加以規管，以及不斷地嘗試「教育」市民。若政府以真正的「以人為本」精神為施政方針，便應以恆常現金津貼，取締長者醫療券計劃，讓長者自由決定該筆款項應如何使用。似乎需要接受再教育的，不是市民而是決策者。而市民需要的，是更少的囉嗦和不必要的規管。

長遠來看，一個健全的基層醫療服務，不應只局限於提供現金津貼給長者使用，更應系統性地規劃為各區基層醫療的經常性服務。而一個全面的「基層醫療健康護理」制度，更加要超越醫療服務的提供。麥奇安的研究早就指出，1830 年後英國死亡率之下降，是做成平均壽命延長的主因，而死亡率下降之原因，則只有 25% 可歸因於當時的公共衛生措施；至於直接醫療服務的貢獻，更不足 1%。換言之，是其他社會因素導致死亡率的大幅下降和平均壽命的延長（McKeown, 1976, 1988）。較近期的研究亦發現，在三大類的決定健康因素中，社會經濟和環境因素的比重佔 50%，高於行為因素的 30% 和醫療服務的 20%（Booske et al., 2010; LexisNexis, 2017）。其實不少不健康的生活方式及行為習慣，背後也是社會因素如貧窮、生活壓力和焦慮等所造成。若計及所謂行為因素背後的社會成因，那比重的差距將會更大！至於造成不同社會群體之間健康差異的背後原因，更發現有高達百分之七十至七十五的健康差異，源自社會不均和工作環境；遠高於醫療服務、生活方式和遺傳等其他因素的總和！（Acheson, 1998; Black, 1980; Kaplan, 1997; Marmot et al., 1996; O'Toole et al., 1972）

但在新自由主義和專業霸權的操控下，政府對基層醫療的理解卻仍只着墨於健康推廣運動（health promotion campaigns），和提供更多的所謂基層醫療服務（而兩者的前提是政府想把維持市民健康的責任推向市民自己，從而削減公營醫療服務的角色）。提供更多的基層醫療服務本身當然值得嘉許，但我們不應忘記，英國著名的《布萊克報告》（Black Report, 1980）和《亞齊遜報告》（Acheson Report, 1998），除了提出清晰有力的數據顯示社會不均對健康的影響外，更指出單靠提供更多的醫療服務並不能有效解決持續多年的健康不公情況。因為醫療服務並不是影響人民健康的最重要因素。所以，健康公平最直接指涉的，不是醫療服務的供應，而是其他社會致病原因。真正的「預防勝於治療」，或醫護界近年流行的說法──「治未病」──並不單是加強促進健康的宣傳教育、更廣泛的防疫注射計劃或更健全的基層醫療服務。這些當然都重要；但更重要的，是要締造一個更平等、更公義，人民生活得更有尊嚴的和諧社會。歸根究柢，擁有愉快生活，能夠免受生活壓力的煎熬，而又能在工作和生活環境中享有較多自主權的人，對生命自然更有熱忱，也自然更重視健康和長壽的價值。捨解決健康社會因素之本，而逐規範個人健康行為之末的健康推廣運動，最終只會事倍功半，甚至得不償失。正如貝花雯與艾格達所言：「只着重嘗試改變個人健康行為，而不把他們身處的物質和社會環境加以考慮，往往不能成功……。要真正有效改善人們的健康行為，……必須採取一個更廣闊的角度，以及對環境如何影響行為有更深入的認識。」（Braverman and Egerter, 2008: 52）

政府若真心關顧市民健康，那可以和應該做的，除基層醫療外，其實還有很多。由最基本的提供安全食水和食物、減少空氣污染，到改善基層市民居住環境、重新實施租金管制、提高無業人士與低收入人士的福利津貼、強化安老與托兒服務，以及取締一切維護特權利益（如商界及專業霸權）和窒礙社會流動的現存政策（如直資學校）等，均有助減少市民的生活壓力和促進市民健康。在市民的工作層面上，更嚴格的工作安全監管和工傷申報機制、為集體談判權立法並鼓勵機構管治民主化（這亦可減少部分職場欺凌文化）、設立最高工時和彈性上班時間、統一所有在職人士的有薪假期和病假、大幅度提升最低工資、在公營機構內取消外判制和引入最高工資制度（如同一機構內最高工資的職位不可高於最低工資職位的三十倍，或按情況慢慢逐年或隔年收窄差距；甚至立法規限所有接受政府資助的機構主管的薪酬待遇，均一律不可高於行政長官）等，也同樣有助減低市民的怨氣與生活壓力，促進市民健康。港人普遍工作時間長，假期少，缺乏充足睡眠。而睡眠不足除了會直接導致工作意外和交通事故之外，亦會間接引至肥胖、糖尿病和其他疾病。兒童若長期睡眠不足，更會影響正常發育及未來健康。這些在今天已屬普通醫學常識，但又有多少個視健康推廣為己任的醫護人員，曾公開呼籲政府應該立法設定最高工時，和統一所有在職人士的有薪假期和病假，讓更多基層市民能夠享有充足休息（或任何本段提到的其他措施）？不去處理造成抑鬱的社會成因，而只提供藥物「治療」，或大力宣傳「積極人生」、「正向思維」，甚至「平衡工作與生活」等生活態度，無論如何都不是一服治本良方。

六、結語

總括而言，政府對市民健康的思考，仍停留在醫療制度的框架，而忽略社會整體格局的考慮。PHC 中有關「健康人權」的理念，是指政府有責任營造合適的社會環境，讓市民享有平等機會得到健康。這包括對「健康不公平」及「決定健康的社會因素」的反思。政府大力發展基層醫療，在既得利益集團和專業霸權不變的前提下，亦只會帶來新一浪的醫療通脹，甚至利益輸送。這不禁令人懷疑，政府表面上念茲在茲的醫療通脹問題，其實是否政府自己刻意為之的結果。

本章既以 PHC 為題，好應該把最後的說話交回給馬勒醫生。他在 2008 年第 61 屆世界衛生大會中向與會各國代表的發言，的確發人深省：

> 世衛的憲章表明：「健康不僅是疾病與體虛的匿跡，而是身心健康社會幸福的總體狀態。」它跟着說：「能享受盡可能高的健康水平是基本人權，無論他們來自何種種族、相信何種宗教和政治信仰，或處於何種經濟和社會狀況。」……
>
> 除非我們以分配公義的精神委身於爭取地區及全球社會經

濟公平的戰鬥中，否則我們將會辜負我們的子子孫孫。⋯⋯記憶中，當世界衛生大會於 1977 年決定世衛和所有參與政府最主要的社會性目標，是要達到「全民健康」時，正是這個意思。⋯⋯ 世界衛生大會從來沒有把健康本身視為一個目的，而是把它視為爭取另一個目的之手段。本該如此。當人民成為經濟和利潤增長遊戲的一隻棋子，他們便早已輸在起跑線上。⋯⋯

要有真正的進步，我們必須停止使用有色的醫學眼鏡看這個世界。有關致病的多元因素之研究，早已指出社會、經濟和其他環境因素的重要性。可是，⋯⋯ 即使到今天，各衛生專業在這方面仍然非常保守。⋯⋯ 這並不表示醫療服務不重要；但有一些東西較諸醫療服務更加生死攸關，而需優先處理 —— 如足夠的食物、土地、房屋，或清潔水源等等。⋯⋯ 1978 年的《阿拉木圖宣言》中有關 PHC 理念所指的，正是這個意思。⋯⋯

你們是否已準備好認真地處理健康不均這問題？有沒有具體措施去縮小健康不均的階級鴻溝？

你們是否已準備好在計劃和落實 PHC 時，確保在促進健康時亦顧及整體社會的經濟發展，即同時提升每一個人、家庭和社區的生活質素？⋯⋯

你們是否已準備好在需要時對現存的醫療服務制度進行大手術，使其更能支持 PHC 成為高於一切的目標？

你們是否已準備好在推行 PHC 時，若遇上任何社會及經濟障礙和頑固專業力量的反抗，要有堅定的決心堅持到底？⋯⋯

的確，大多數阿拉木圖和 PHC 的支持者在短暫的熱情過後，便開始失去興趣。一些人甚至以「選擇性 PHC」之惡名刻意扭曲 PHC 的本義。⋯⋯ 雖然如此，我們仍看到公民社會中一些社會運動，仍然堅定地為地區和全球健康作出不懈的努力。所以，作為一名無藥可救的樂觀主義者，我堅信我們定必會在這場記憶與失憶之戰中獲勝；阿拉木圖的全民健康願景及其相關的 PHC 策略，將會在更為有利的環境下發展。不要忘記，在人類漫長的進步史中，有願景的人才是真正的務實者。

（Mahler, 2008）

香港政府，你真的已準備好了嗎？還是你早已選擇了失憶，只談「基層醫療」而置「基層醫療健康護理」於不顧？

註釋：

1 阿拉木圖在 1929 年到 1991 年時是哈薩克蘇維埃社會主義共和國的首府，屬前蘇聯的一部分。蘇聯解體之後，成為哈薩克的首都。1997 年，哈薩克首都搬遷到阿斯塔納，但阿拉木圖仍是該國主要商業和文化中心。

2 有關 PHC 與 SPHC 的爭論，見 Rifkin and Walt (1986) 及 Unger and Killingsworth (1986)。

3 「華盛頓共識」是 1989 年所出現的一整套針對拉丁美洲和東歐國家的指導理論，此共識可被視為美國作為支配其他國家經濟的手段。《維基百科》對「華盛頓共識」有以下的描述：「1989 年，陷於債務危機的拉美國家急需進行國內經濟改革。美國國際經濟研究所邀請國際貨幣基金組織（IMF）、世界銀行（WBG）、美洲開發銀行和美國財政部的研究人員以及拉美國家代表在華盛頓召開了一個研討會，旨在為拉美國家經濟改革提供方案和對策。曾任世界銀行美國國際經濟研究所經濟學家約翰·威廉姆森〔John Williamson〕執筆寫了《華盛頓共識》，系統地提出指導拉美經濟改革的各項主張，包括實行緊縮政策防止通貨膨脹、削減公共福利開支、金融和貿易自由化、統一匯率、取消對外資自由流動的各種障礙以及國有企業私有化、取消政府對企業的管制等，得到世界銀行的支持。威廉姆森對拉美國家的國內經濟改革提出了已與上述各機構達成共識的十條政策措施，由於國際機構的總部和美國財政部都在華盛頓，加之會議在華盛頓召開，因此這一共識被稱作『華盛頓共識』」。由於華盛頓共識所推舉的政策與新自由主義一脈相承，所以亦稱之為「新自由主義的政策宣言」。

4 有關全球工人的狀況，見國際工人組織（International Labour Organization）之年度 *World Employment and Social Outlook: Trends 2019*（WESO）報告。

5 0 分表示全民收入均等，1 分表示 1 人擁有全社會的收入。換言之，堅尼系數值愈高，表示社會內的收入差距愈大。一般認為，堅尼系數值高於 0.4，表示該地區可能發生動亂；而數值高於 0.6，更表示該地區隨時會發生動亂。

6 作為對比，2017 年全球最低堅尼系數值的國家為芬蘭（0.21），歐盟成員國的平均值為 0.31。最高堅尼系數值的為萊索托（Lesotho），達 0.63。中國、大馬、南蘇丹和多哥（Togo）等發展中國家的數值均為 0.46。先進國家則以新加坡（0.458）和美國（0.411）為最高，但也被香港遠遠拋離。

7 不過她在提及自己在香港的「功績」時，卻奢言：「我在香港任職期間〔她在 1994 年 6 月至 2003 年 8 月期間為衛生署署長〕，我引入了一個〔照顧市民〕由『尿布到墳墓』的初級衛生保健制度。我特別重視健康推廣和疾病的預防，尤其關注市民的自我照護和健康的生活模式」。這番說話，或會令人懷疑她對 PHC 的理解是否透徹。對香港人來說，更是啼笑皆非。

8 有關對緊縮政策的批評，見 Plehwe et al. (2019)。

9 香港政府並沒有收集有關社會階級與健康狀態的數據。例如政府統計署的《主題性住戶統計調查第 63 號報告書》雖然表示「這系列的統計調查的目的是搜集有關統計期內曾入住醫院的人士的社會經濟特徵」（政府統計處，2017，第 1.9 段），但其所謂「社會經濟特徵」卻主要指市民的年齡、性別、經濟活動身份、行業類別和職業組別為主要變項，收集相關數據；卻沒有按市民的「社會經濟地位」（socio-economic status）或「社會階層位置」收集數據。在整份報告書中只有兩個圖表把「住戶每月入息」加入分析，即表 6.1d 和 6.2d，分別詢問受訪者「有定期接受牙齒檢查的人士數目」和「在統計前 12 個月內曾接受牙醫診治的人士數目」。並發現「有定期接受牙齒檢查的人士的比率隨着其住戶每月入息增加而上升」（第 6.7 段），及「接受牙醫診治的人士的比率一般隨着其住戶每月入息增加而上升」（第 6.13 段）。筆者不明白，統計署既然已搜集「住戶每月入息」的資料，又為何不用於其他分析中，而只是選擇性地利用？這種做法在先進地區中極為罕見，也令香港在這方面的研究一直舉步維艱。

10 要從「這個香橙含有豐富維他命 C」這一前提，推論到「所以你應該要把它吃下」這一結論，中間還需多重步驟，如：

前提 1（事實陳述）：這個香橙含有豐富維他命 C

前提 2（事實陳述）：維他命 C 對維持身體健康非常重要

條件 1（假設／事實陳述）：你的身體嚴重缺乏維他命 C

條件 2（假設／事實陳述）：你沒有其他攝取維他命 C 的途徑

條件 3（假設／價值判斷）：你希望自己身體好

結論（價值判斷）：所以你應該要吃下這個香橙

留意在推論過程中，所有的事實陳述也不能在邏輯上導致該結論，而必須通過另一價值判斷（條件 3）。

11 哲學界和社會學界還有第三個回應方法，就是拒絕接受「事實」與「價值」的絕對分割；強調世上並沒有不受任何價值觀念、理論取向或其他前設所「污染」的「純潔」事實陳述存在。由於這課題涉及範疇頗為複雜，亦與本文論點沒有直接關係，就此略過。有興趣探究這課題的讀者可參孫偉平（2000）。

12 近年在健康不均與不公這議題上發表較多的另一學者，是 Paula Braverman。詳見 Braverman (2006, 2014)；Braverman and Egerter (2008)；Braverman, Kumanyika, and Fielding (2011)。

參考資料

（中文）

立法會秘書處（9/2/2018）。〈發展基層醫療健康護理服務〉，CB（2）827/17-18(04) 號文件。

世界衛生組織（1978）。《阿拉木圖宣言》。擷取自：http://www.who.int/topics/primary_health_care/alma_ata_declaration/zh/。

世界衛生組織（2008）。《初級衛生保健：過去重要，現在更重要》。日內瓦：世界衛生組織。擷取自：https://www.who.int/whr/2008/whr08_ch.pdf?ua=1。

世界衛生組織（2010）。《西太平洋區域基於基層醫療價值觀的醫療系統策略》。

朱韻斐（23/9/2018）。〈調查指近六成長者使用醫療券、遭收取不合理費用〉，《香港 01》。擷取自：https://www.hk01.com/ 社會新聞 /239026/ 醫療券 — 調查指近六成長者使用醫療券 - 遭收取不合理費用。

佘雲楚（2013）。〈醫保計劃：沒有靈魂的公共醫療改革政策〉，輯於羅金義、鄭宇碩合編，《留給梁振英的棋局：通析曾蔭權時代》（頁 141－162）。香港：香港城市大學出版社。

佘雲楚、馮可立、林昭寰、陳和順、鄒崇銘、鍾劍華、何寶英（2017）。《醫學霸權與香港醫療制度》。香港：中華書局（香港）有限公司。

吳婉英（16/9/2017）。〈香港貧富健康不均、在職基層心血管疾病風險高、公院求醫困難〉，《眾新聞》。擷取自：https://www.hkcnews.com/article/6947/%E9%86%AB%E8%AD%B7%E8%A1%8C%E8%80%85-%E5%9C%A8%E8%81%B7%E5%9F%BA%E5%B1%A4-%E8%91%B5%E9%9D%92%E5%8D%80-6947/%E9%A6%99%E6%B8%AF%E8%B2%A7%E5%AF%8C%E5%81%A5%E5%BA%B7%E4%B8%8D%E5%9D%87-%E5%9C%A8%E8%81%B7%E5%9F%BA%E5%B1%A4%E5%BF%83%E8%A1%80%E7%AE%A1%E7%96%BE%E7%97%85%E9%A2%A8%E9%9A%AA%E9%AB%98-%E5%85%AC%E9%99%A2%E6%B1%82%E9%86%AB%E5%9B%B0%E9%9B%A3。

吳婉英（1/3/2018）。〈預算案 $712 億撥醫療、醫生批沒解決人手不足、沒助預防疾病〉，《眾新聞》。擷取自：https://www.hkcnews.com/article/10440/%E8%B2%A1%E6%94%BF%E9%A0%90%E7%AE%97%E6

%A1%88-%E5%85%AC%E7%87%9F%E9%86%AB%E7%99%82-%E9
%86%AB%E8%AD%B7%E8%A1%8C%E8%80%85-10440/%E9%A-
0%90%E7%AE%97%E6%A1%88712%E5%84%84%E6%92%A5%E9%8
6%AB%E7%99%82-。

林鄭月娥（2017）。《行政長官 2017 年施政報告》。香港：香港特別行政區政府。

《明報》（12/3/2019 a）。〈推 10 年公院用量反升、楊永強促檢視醫療券〉。
擷取自：https://news.mingpao.com/pns/%E8%A6%81%E8%81%9E/
article/20190312/s00001/1552329009607/%E6%8E%A810%E5%B9%B4
%E5%85%AC%E9%99%A2%E7%94%A8%E9%87%8F%E5%8F%8D%
E5%8D%87-%E6%A5%8A%E6%B0%B8%E5%BC%B7%E4%BF%83%
E6%AA%A2%E8%A6%96%E9%86%AB%E7%99%82%E5%88%B8。

《明報》（12/3/2019 b）。〈34% 長者感用醫券被「抬價」〉。擷取自：https://
news.mingpao.com/pns/%E8%A6%81%E8%81%9E/article/20190312/
s00001/1552329010277/34-%E9%95%B7%E8%80%85-%E6%84%9F%E7
%94%A8%E9%86%AB%E5%88%B8%E8%A2%AB%E3%80%8C%E6%8
A%AC%E5%83%B9%E3%80%8D。

香港政府（1993）。《促進健康：諮詢文件》。香港：香港政府印務局。

政府統計處（2017）。《主題性住戶統計調查第 63 號報告書》。香港：政府
統計處。

食物及衛生局（2008）。《掌握健康、掌握人生：醫療改單諮詢文件》。香
港：食物及衛生局。

食物及衛生局（2010）。《家庭醫生，照顧身心、醫護夥伴，香港的基層醫
療發展策略文件》。香港：食物及衛生局。

消費者委員會（14/6/2018）。〈長者醫療券須用得其所 商戶應提升服務內
容和收費透明度〉。擷取自：https://www.consumer.org.hk/ws_chi/news/
press/500/healthcare-voucher.html。

陳澔琳（11/3/2019）。〈最低工資有多低？〉，《香港 01》。

孫偉平（2000）。《事實與價值：休謨及其解決嘗試》。北京：中國社會科
學出版社。

黃碧雲（2016）。《鉛水風暴》。香港：紅出版（圓桌文化）。

《新浪香港網》（21/11/2014）。〈香港審計署：醫療券計劃缺乏監管 隨意虛
假申報〉。擷取自：https://sina.com.hk/news/article/20141121/0/1/2/%E9
%A6%99%E6%B8%AF%E5%AF%A9%E8%A8%88%E7%BD%B2-%E9
%86%AB%E7%99%82%E5%88%B8%E8%A8%88%E5%8A%83%E7%

BC%BA%E4%B9%8F%E7%9B%A3%E7%AE%A1%E9%9A%A8%E6%84%8F%E8%99%9B%E5%81%87%E7%94%B3%E5%A0%B1-398375.html?cf=o.news。

樂施會（2016）。《香港貧窮狀況報告（2011－2015）》。香港：樂施會。

樂施會（2018）。《香港不平等報告》。香港：樂施會。

顏寧（20/10/2018）。〈國際評級香港勞工權益零分 —— 工時最長、假期排尾 4〉，《香港 01。擷取自：https://www.hk01.com/ 社區專題 /249010/ 國際評級香港勞工權益零分 - 工時最長 - 假期排尾 4。

顧汝德（2019）。《失治之城》，李國寶譯。香港：天窗出版社。

（英文）

Archeson, D. (1998). *Independent Inquiry into Inequalities in Health Report*. London: The Stationery Office.

Banerji, D. (1984). "The Political Economy of Western Medicine in Third World Countries." In *Issues in the Political Economy of Health Care* (edited by J. B). McKinlay. London: Tavistock.

Banerji, D. (2003). "Reflections on the Twenty-fifth Anniversary of the Alma-Ata Declaration." *International Journal of Health Services*, 33 (4), pp. 813-818.

Barker, D.J. (1990). "Fetal and Infant Origins of Adult Disease." *British Medical Journal*, 301 (6761), p. 1111.

Bartley, M. (2004). *Health Inequality: An Introduction to Theories, Concepts and Methods*. Oxford: Blackwell Publishing.

Berkman, L.F. and Glass, T.A. (2000). "Social Integration, Networks and Health." In *Social Epidemiology*, (edited by L.F. Berkman and I. Kawachi). New York: Oxford University Press.

Black, D. (1980). *Inequalities in Health*. Report of a Research Working Group. London: DHSS.

Booske, B.C., Athens, J.K., Kindig, D.A., Park, H. and Remington P.L. (2010). *County Health Rankings Working Paper: Different Perspectives for Assigning Weights to Determinants of Health*. Madison, WI: University of Wisconsin Health Policy Institute.

Braley. M.B. (2014). "The Christian Medical Commission and the World Health Organization." In *Religion As a Social Determinant of Health* (edited by E.L. Idler). Oxford: Oxford University Press. DOI:10.1093/acprof:o so/9780199362202.003.0021.

Braveman, P. (2006). "Health Disparities and Health Equity: Concepts and Measurement." *Annu Rev Public Health*, 27, pp. 167-194.

Braveman. P. (2014). "What Are Health Disparities and Health Equity? We Need to be Clear." *Public Health Reports*, 129 (2), pp. 5-8.

Braverman, P. and Egerter, S. (2008). *Overcoming Obstacles to Health*. Robert Wood Johnson Foundation. Retrieved from: https://www.rwjf.org/en/library/ research/2008/02/overcoming-obstacles-to-health.html.

Braveman, P., Kumanyika, S. and Fielding, J. (2011). "Health Disparities and Health Equity: The Issue is Justice." *Am J Public Health*, 101, pp. S149-S155.

Bryant, J.H. and Richmond, J.B. (2008). "Alma-Ata and Primary Health Care: An Evolving Story." In *International Encyclopedia of Public Health* (edited by S.R. Quah and K. Heggenhougen). Elsevier Inc. pp. 152-174.

Campbell, D. (2017, August 12). "Health Inequality Gap 'Is Still Growing' in England, New Department of Health Data Shows." *The Guardian*. Retrieved from: https://www.theguardian.com/society/2017/aug/12/health-inequality- gap-growing?utm_source=esp&utm_medium=Email&utm_campaign=GU+ Today+main+NEW+H+categories&utm_term=239147&subid=10243856& CMP=EMCNEWEML6619I2.

Chan, M. (2006, November 9). "Speech to the World Health Assembly." Retrieved from: https://www.who.int/dg/speeches/2006/wha/en/.

Chan, M. (2008). "Primary Health Care – Now More Than Ever." Speech delivered at WHO conference on Primary Health Care. Retrieved from: http://www.who.int/dg/speeches/2008/20081014/en/.

Cheng, Y. H., Chi, I., Boey, K. W., Ko, L. S. F., & Chou, K. L. (2002). "Self-rated Economic Condition and the Health of Elderly Persons in Hong Kong." *Social Science & Medicine*, 55 (8), pp. 1415–1424. Retrieved from: https :// doi.org/10.1016/S0277 -9536(01)00271-4.

Chetty, R. et al. (2016). "The Association between Income and Life Expectancy in the United States, 2001-2014." *JAMA*, 315 (16), pp. 1751-1766.

Chung, R., Chung, G., Gordon, D., Wong, S., Chan, D., Lau, M., Tang, V. and Wong, H. (2018, May 14). "Deprivation is Associated with Worse Physical and Mental Health Beyond Income Poverty: A Population-based Household

Survey Among Chinese Adults." *Quality of Life Research*. Retrieved from: https://doi.org/10.1007/s11136-018-1863-y.

Commission on Social Determinants of Health (CSDH) (2008). *Closing the Gap in A Generation: Health Equity through Action on the Social Determinants of Health*. Geneva: WHO.

Cueto, M. (2004). "The Origins of Primary Health Care and Selective Primary Health Care." *American Journal of Public Health*, 94 (11), pp. 1864-1874.

Dahlgren, G. and Whitehead, M. (1991). *Policies and Strategies to Promote Social Equity in Health*. Stockholm, Sweden: Institute of Future Studies.

Donner, G. (1999). "Squeezing the Balloon: The Fallacy of Demand Modification." In *Health Reform: Public Success, Private Failure* (edited by D. Drake and T. Sullivan, pp. 245-259). London: Routledge.

Drache, D. and Sullivan, T. (eds.) (1999). *Health Reform: Public Success, Private Failure*. London: Routledge.

Fee, E. and Gonzalez , A. R. (2017). "The History of Health Equity: Concept and Vision." *Diversity and Equality in Health and Care*, 14 (3), pp. 148-152.

Fukuyama, F. (1989). "The End of History." *The National Interest*, Summer (16), pp. 3-18.

Hancock, Trevor (1985, May/June). "Beyond Health Care: From Public Health Policy to Healthy Public Policy." *Canadian Journal of Public Health*, 76, Supplement One, pp. 9-11.

Hertzman, C. and Wiens, M. (1996). "Child Development and Long-term Outcomes: A Population Health Perspective and Summary of Successful Interventions." *Social Science and Medicine*, 43 (7), pp. 1083-1095.

Hong, E. (2004). "The Primary Health Care Movement Meets the Free Market." In *Sickness and Wealth: The Corporate Assault on Global Health* (edited by M. Fort, M.A. Mercer and O. Gish, pp. 27-41). Cambridge, MA: South End Press.

Illich, I. (1976). *Medical Nemesis: The Expropriation of Health*. New York: Pantheon.

International Labour Organization, ILO (2019). Retrieved from: https://www.ilo.org/global/research/global-reports/weso/2019/WCMS_670542/lang--en/index.htm.

Järvelin, M. (2000). "Fetal and Infant Markers of Adult Heart Diseases." *Heart*, 84, pp. 219-226. Retrieved from: http://dx.doi.org/10.1136/heart.84.2.219.

Kaplan, G.A. (1990). *Socioeconomic Conditions in Childhood are Associated with Ischaemic Heart Disease During Middle Age*. Human Population Laboratory, California Department of Health Services.

Kaplan, G.A. (1997). "Whither Studies on the Socioeconomic Foundations of Population Health?" *American Journal of Public Health*, 87 (9), pp. 1409-1411.

Kaplan, G.A. et al. (1996). "Income Inequality and Mortality in the United States: Analysis of Mortality and Potential Pathways." *British Medical Journal*, 31, pp. 999-1003.

Karasek, R., Siegrist, J. and Theorell, T. (1998, August). "Joint Statement on the Relationship between the Two Theoretical Models Measuring Stress at Work: The Demand-control Model (DC) and the Effort-reward Imbalance Model (ERI)." Retrieved from: http://www.uni-duesseldorf.de/www/ workstress/jointstatement.html.

Karasek, R. and Theorell, T. (1990). *Healthy Work: Stress, Productivity and the Reconstruction of Working Life*. New York: Basic Books.

Kawachi, I. Kennedy, B., Lochner, K. and Prothrow-Stith, D. (1997). "Social Capital, Income Inequality, and Mortality." *American Journal of Public Health*, 87, pp. 1491-98.

Kawachi, I. and Kennedy, B.P. (2006). *The Health of Nations: Why Inequality is Harmful to Your Health*. New York: The New Press.

Koo, G., Wai, H., Tsang, P. and Chan, H. (2006). "Hong Kong Men with Low Incomes Have Worse Health-related Quality of Life as Judged by SF-36 Scores." *Hong Kong Med J*, 12 (5), pp. 351-354.

Kornhauser, A. (1965). *Mental Health of the Industrial Worker: A Detroit Study*. New York: John Wiley & Sons.

Lalonde M. (1974). *A New Perspective on the Health of Canadians: A Working Document*. Ottawa: Government of Canada.

Leppo, K., Ollila, E., Pena, S., Wismar, M. and Cook, S. (2013). *Health in All Policies: Seizing Opportunities, Implementing Policies*. Finland: Ministry of Social Affairs and Health.

LexisNexis (2017). *The Top Six Myths About Social Determinants of Health*. Retrieved from: https://risk.lexisnexis.com/insights-resources/white-paper/ six-myths-about-social-determinants-of-health-data.

Link, B.G. and Phelan, J.C. (1995). "Social Conditions are Fundamental Causes of Disease." *Journal of Health and Social Behavior*, Special Issue, pp. 80-94.

Litsios, S. (2004). "The Christian Medical Commission and the Development of the World Health Organization's Primary Health Care Approach." *American Journal of Public Health*, 94 (11), pp. 1884-93.

Mahler, H. (1979). "Address to the Thirty-two World Health Assembly." *WHO Chronicle*, 33 (7-8), p. 245.

Mahler, H. (2008). "Address to the Sixty-first World Health Assembly." Retrieved from: https://www.who.int/mediacentre/events/2008/wha61/hafdan_mahler_ speech/en/.

Marmot, M. (2004). *Status Syndrome*. London: Bloomsbury.

Marmot, M., Rose, G., Shipley, M. and Hamilton, P. J. (1978) "Employment Grade and Coronary Heart Disease in British Civil Servants." *Journal of Epidemiology and Community Health*, 32, pp. 244-249.

Marmot, M., Ben-Shlomo, Y. and White, I. (1996). "Does the Variation in the Socio-economic Characteristics of An Area Affect Mortality." *British Medical Journal*, 312, pp. 1013-1014.

Marmot, M. and Shipley, M. (1996). "Do Socio-economic Differences in Mortality Persist after Retirement? 25 Year Follow-up of Civil Servants from the First Whitehall Study." *British Medical Journal*, 313, pp. 1177-1180.

Marmot, M., Stansfeld, S., Patel, C., North, F., Head, J., White, I., Brunner, E., Feeney, A. and Davey Smith, G. (1991). "Health Inequalities Among British Civil Servants: The Whitehall II Study." *Lancet*, 337 (8754), pp. 1387-1393.

Marmot M. and Theorell, T (1988). "Social Class and Cardiovascular Disease: The Contribution of Work." *International Journal of Health Service*, 18 (4), pp, 659-674.

Marmot, M. and Wilkinson, R. (eds.) (1999). *The Social Determinants of Health*. Oxford: Oxford University Press.

Marmot Review. (2010). *Fair Society, Healthy Lives: Strategic Review of Health Inequalities in England Post 2010*. London: Marmot Review, 2010.

McConnell, J. (1993). "Barefoot No More." *The Lancet*, 341 (8855), p. 1275. Doi:10.1016/0140-6736 (93) 91175-l.

McKeown, T. (1976). *The Role of Medicine: Dream, Mirage or Nemesis*. London: Edward Arnold.

McKeown, T. (1988). *The Origins of Human Disease*. New York: Basil Blackwell.

Muldoon, L.K., Hogg, W. E. and Levitt, M. (2006). "Primary Care (PC) and Primary Health Care (PHC): What is the difference?" *Canadian Journal of Public Health*, 97 (5), pp. 409-411.

Mustard, J. F. (1999). "Health, Health Care and Social Cohesion." In *Health Reform: Public Success, Private Failure* (edited by D. Drake and T. Sullivan, pp.329-350). London: Routledge.

Navarro, V. (1986). *Crisis, Health, and Medicine: A Social Critique*. London: Tavistock.

North F., Syme S. L., Feeney A., Head J., Shipley M. J. and Marmot M. (1993). "Explaining Socioeconomic Differences in Sickness Absence: The Whitehall II study." *British Medical Journal,* 306, pp. 361-366.

Ollila E et al. (2006). "Health in All Policies in the European Union and Its Member States." *Policy Brief. Brussels: European Commission DG Health and Consumer Protection*. Retrieved from: http://ec.europa.eu/health/ph_ projects/2005/ action1/docs/2005_1_18_ frep_a4_en.pdf.

Oommen, V.G., Mike, K. and Zhao, I. (2008). "Should Health Service Managers Embrace Open Plan Work Environments? A review." *Asia Pacific Journal of Health Management*, 3 (2), pp. 37-43.

O'Toole, J. et al. (1972). *Work in America*: *Report of a Special Task Force to the Secretary of Health, Education, and Welfare*. Department of Health, Education, and Welfare, Washington, D.C.: Special Task Force on Work in America.

Oxfam (2016, January 18). "An Economy for the 1%: How Privilege and Power in the Economy Drive Extreme Inequality and How This Can Be Stopped." *Oxfam Briefing Paper*. Retrieved from: https://www-cdn.oxfam.org/s3fs-public/file_attachments/bp210-economy-one-percent-tax-havens-180116-en_0.pdf.

Oxfam (2019). *Public Good or Private Wealth?* Oxford: Oxfam International. Retrieved from: https://www.oxfam.org.nz/reports/public-good-or-private-wealth.

PAHOWHO (1999). "Principles and Basic Concepts of Equity and Health." Division of Health and Human Development, PAHOWHO.

Plehwe, D., Neujeffski, M., McBride, S. and Evans, B. (2019). *Austerity: 12 Myths Exposed.* SE Publishing.

Power, C. and Hertzman, C. (1997). "Social and Biological Pathways Linking Early Life and Adult Disease." *British Medical Bulletin*, 53 (1), pp. 210-21.

Rao, M. (2004). *From Population Control to Reproductive Health.* London: Sage.

Rifkin, S. and Walt, G. (1986). "Why Health Improves: Defining the Issues Concerning 'Comprehensive Primary Health Care' and 'Selective Primary Health Care'" *Social Science and Medicine*, 23, pp. 559-566.

Rose, G. and Marmot, M. (1981) "Social Class and Coronary Heart Disease." *British Heart Journal*, 45, pp. 13-19.

Shae, W.C. (2016). "The Poverty of Vision: A critique of Hong Kong's Health Care Policy." In *Ethical Dilemmas in Public Policy: The Dynamics of Social Values*, (edited by B. Yung and K.P. Yu, pp. 147-166). Singapore: Springer Press.

Shannon, H., Mayr, J. and Haines, T. (1997). "Overview of the Relationships between Organizational and Workplace Factors and Injury Rates." *Safety Science*, 26 (3), pp. 201-207.

Siegrist, J. (1996). "Adverse Health Effects of High Effort-Low Reward Conditions at Work." *Journal of Occupational Health Psychology*, 1, pp. 27-43.

Ståhl, T., Ollila, E. and Leppo, K. (ed). (2006) *Health in All Policies: Prospects and Potentials.* Helsinki*: Ministry of Social Affairs and Health.*

Unger, J.P. and Killingsworth, J. (1986). "Selective Primary Healthcare: A critical Review of Methods and Results." *Social Science and Medicine*, 10, pp. 1001-1002.

Uphoff, E. P., Pickett, K., Cabieses, B, Small, N. and Wright, J. (2013) "Systematic Review of the Relationships between Social Capital and Socioeconomic Inequalities in Health: A Contribution to Understanding the Psychosocial Pathway of Health Inequalities." *International Journal for Equity in Health*, 12, p. 54. Retrieved from: http://equityhealthj.biomedcentral.com/articl es/10.1186/1475-9276-12-54.

Waldman, R. J. (1992, November). "Income Distribution and Infant Mortality." *Quarterly Journal of Economics*, pp. 1283-1302.

Wang, J., Huang, B., Zhang, T., Wong, H. and Huang, Y. (2018). "Impact of Housing and Community Conditions on Multidimensional Health Among Middle- and Low-Income Groups in Hong Kong." *International Journal of Environmental Research and Public Health*, 15 (6), p. 1132.

Whitehead, M. (1987). *The Health Divide: Inequalities in Health in the 1980s*. London: Health Education Council.

Whitehead, M. (1991). "The Concepts and Principles of Equity and Health." *Health Promotion International*, 6 (3), pp. 217-228.

Wilkinson, R. (1992). "Income Distribution and Life Expectancy." *British Medical Journal*, 304, pp. 165-168.

Wilkinson, R. (1994). "The Epidemiological Transition: From Material Scarcity to Social Disadvantage? " *Daedalus*, 123, pp. 61-77.

Wilkinson, R. (1996). *Unhealthy Societies: The Afflictions of Inequality*. London: Routledge.

Wilkinson, R. and Marmot, M. (eds). (2003). *The Social Determinants of Health: The Solid Facts* (2nd ed). Copenhagan: WHO Regional Office for Europe.

Wilkinson. R.G. and Pickett, K. (2009). *The Spirit Level: Why Greater Equality Makes Societies Stronger.* London: Bloomsbury Press.

Wilkinson. R.G. and Pickett, K. (2018). *The Inner Level: How More Equal Societies Reduce Stress, Restore Sanity and Improve Everyone's Well-being*. London: Allen Lane.

WHO (1978, September 6-12). *Report of the International Conference on Primary Health Care*. Alma-Ata, USSR, 1978. Geneva: World Health Organization.

WHO (2000). *World Health Report (2000): Health Systems: Improving Performance.* Geneva: World Health Organization. Retrieved from: https://www.who.int/whr/2000/en/.

WHO (2003). "Health Systems: Principled Integrated Care." As Chapter 7 in *World Health Report 2003 – Shaping the Future*. Geneva, Switzerland: World Health Organization. Retriered from: www.who.int/whr/2003/en/.

WHO (2008). *World Health Report (2008): Primary Health Care: Now More Than Ever*. Geneva: World Health Organization. Retrieved from: https://www.who.int/whr/2008/en/.

WHO (2014) *Health in All Policies: Helsinki Statement and Framework for Country Action*. Geneva: World Health Organization. Retrieved from: http://

www.searo.who.int/entity/healthpromotion/helsinki-statement-framework-for-country-action.pdf?ua=1.

Woo, J., Lynn, H., Leung, J. and Wong, S. Y. (2008). "Self-perceived Social Status and Health in Older Hong Kong Chinese Women Compared with Men." *Women & Health*, 48 (2), pp. 209-234. Retrieved from: https ://doi. org/10.1080/03630 24080 23135 63.

World Bank (1993). *World Development Report 1993: Investing in Health.* Washington, D.C.: World Bank Group. Retrieved from: http://documents. worldbank.org/curated/en/468831468340807129/World-development-report-1993-investing-in-health.

Zhang, D. and Unschuld, P. U. (2008). "China's Barefoot Doctor: Past, Present, and Future." *The Lancet*, 372 (9653), pp. 1865-1867.

第二章
發展基層醫療刻不容緩

李大拔

（香港中文大學公共衞生及基層醫療臨床教授、
健康教育及促進健康中心總監）

一、過去三十年醫療服務改革總覽

1. 基層醫療發展的缺口

　　過往三十多年來在香港推行的醫療改革，並沒有真正針對基層醫療服務；基層醫療發展的缺口，可由一位現在從事基層醫療研究的學者，細説當年的經歷開始。

　　這個故事發生於三十五年前，一位年輕醫生從英國回到他闊別多年的香江，第一份在香港的工作就是在補助醫院急症室擔任醫生，親身體驗排山倒海的工作。在急診室的日子，他發現導致急症室水洩不通的主要原因，是因為它已變成所有健康問題的處理中心；而社區上亦缺乏足夠的基層醫療護理服務。反觀英國，在二十世紀八十年代經過鐵娘子首相戴卓爾夫人大刀闊斧的改革，基層醫療的發展已成為醫療體系改革的核心元素，更能配合成本效益及切合居民的需要。

　　這位年輕醫生在醫學生學習期間，曾有一個月時間在社區醫務中心臨床實習。當中一半時間在倫敦市內，另一半時間則在人口比較稀疏的州郡。在偏遠地方人口分佈的空間很大，地區醫院亦不一定接近居民所住的地方，因此基層醫療團隊是當地市民的主要健康守護者。他當時觀察到基層醫護中心不同的專業提供不同的服務，可以有效地解決當地居民大部分的健康問題。反觀在倫敦市中心，因為人口流動太大，基層醫療服務不一定可以提供全面的一站式服務，所以居民使用醫院，特別是急症室較多，情況與香港差不多。因此這位年輕醫生便開始考慮投身社區醫療工作，他離開醫院崗位後的十年，就一直擔任前線的社區醫生，分別在大型的醫療集團、地區的醫療中心、自僱私人醫務所、大專院校的保健中心工作過。

如果能加強市民健康教育的意識，有助他們自我管理，能適當及有效地使用醫療資源。很多早期出現的慢性疾病或健康問題，如果配合正確的生活模式，不單可以有效控制病情，亦可避免太複雜的治療，保持生活的質素。一般市民常見的健康問題，有很大部分可以靠自我管理而康復，不一定要倚靠藥物。這位醫生重視教育市民自我照護，減少求診需要，當他在私人市場執業時，他的病人及家人均歡迎及信任這個模式的重要性，彼此之間亦建立良好的醫患關係，這有助推行全人全面且持續的社區醫療服務。

2. 過往三十年重點醫療改革

以下為香港過往三十年來的重點醫療改革：

年份	改革內容
1980 年代	Scott Report 檢討公營醫院運作模式，香港政府根據其建議於 1990 年成立醫院管理局。
1988－1990	《基層醫療工作小組報告》（Primary Care Working Party Report），2017 年施政報告提出在葵青建立第一個康健中心，2018 年招標營運機構，2019 年 3 月食物衞生局邀請葵青安全社區健康城市協會葵青康健中心。

（續上表）

年份	改革內容
1993	《彩虹報告》（Towards Better Health: Rainbow Report）重申沒有市民會因為缺乏資源而得不到應有的治療。
1997-1998	《哈佛報告書》（Harvard Report）認為當前醫療系統必須改革，並應該引入以醫院或全科醫生為本的綜合服務，設有競爭性的預繳醫療服務，達到錢跟隨病人走的理念。
2000	政府倡議市民應為健康作長遠投資，並建議重組醫療費用、設立醫療保障戶口等措施。
2004	政府推出醫療融資報告及醫療儲蓄計劃的可行性。
2008	掌握健康、掌握人生》（"Your Health, Your Life"）醫療改革諮詢文件，當中提及加強基層醫療，公私營合作等等。其中亦有多項改革醫療融資的方案，當中包括自願醫保。
2014	自願醫保資訊文件。

　　多年來的醫療改革的報告書，很多時候都是着眼於醫療融資，雖然有提及加強基層醫療，但直到 2017 年的施政報告，才有真正落實計劃。所謂「自願醫保」，似乎由始至終「捉錯用神」，根本不能解決香港人口老化的挑戰，也不是解決公營醫療開支日增的良方。政府要做的是實行「地區醫療制度」（李大拔，2014）。

二、醫療生態環境的轉變

1. 基層醫療如何有效發揮預防醫學

　　有學術研究指出到 2020 年，非傳染性疾病將會是全球健康負擔的八成，甚至在發展中國家，亦預計每十人中會有七人是因非傳染性病死亡（Boutayed and Boutayed, 2005）。由於生態變化及人口流動，傳染病只會有增無減。同時由於經濟快速發展及都市化，亦令家庭結構及鄰里關係有所改變，人與人之間交往時間減少，削弱了社會資本，當人出現情緒問題的時候，又很難得到周邊的支援，會使個人容易受到精神壓抑。傳染病、非傳染病（non-communicable diseases）、精神情緒問題都是醫療上的三重負擔。

有效地處理這三重負擔，除了日益更生的醫療科技治療外，更重要是好好發揮不同層次的預防工作。例如第一層預防，是強化市民認知及能力，去遠離高危健康風險及促進正向的健康生活。第二層預防，是通過適當的健康評估，能及早發現早期性的病變，同時亦監察已患有慢性疾病的人潛伏惡化的危機。第三層預防是防止病情進一步惡化，用有效的康復方法，令病人盡量回復本身的功能。近年來亦重視第四層預防，即預防在醫療過程上產生不必要的副作用。

現代社會生活緊張，市民出現很多的健康問題，不一定可以根治，但可以有效地控制，使他們可繼續健康地生活。因為世界衛生組織健康的定義不一定是沒有疾病，最重要是保持良好的狀態。因此有效地推行不同層次的預防工作，才可以有效令廣大市民減低疾病帶來的負面健康，而這也正是基層醫療的重要。

2. 研究數據顯示刻不容緩

當這位醫生發覺基層醫療如何有效地減低疾病帶來的負面健康，同時亦可促進健康，他開始思索下一步該如何推動。單靠個別醫生是不能影響整個社會的發展的，要促成基層醫療再進一大步，必須要有科研數據的支持。1990 年代，基層醫療研究在歐美國家開始盛行，但在香港及亞洲地區依然只是起步，因此他決定開始學者的生涯。首先是對非適當使用急症室的醫療服務的研究（Lee et al., 2000），發現接近六成使用急症室的病人，應該可以在基層醫療處理。病人湧往急症室的主要原因，是他們認為急症室是最可靠的地方，甚至認為急症室可提供一站式服務。

使用急症室作基層醫療服務的人士，一般是教育程度高並有固定職業，這與其他國家的情況不同。一般外國研究顯示，使用急症室作非緊急用途的通常是社經地位較低的人士；但香港卻是相反。我們當時的研究亦顯示，費用不是主要因素（當時使用急症室服務是免費的）。這個研究除了帶出基層醫療不足外，病人需要的是在社區內有可信賴的醫療服務。2004 年，另一研究（Wong et al., 2004）亦發現，使用急症室後的病人，如果有醫護人員電話跟進，他們會傾向使用門診服務去跟進他們的病情。近年來即使急症室採用收費制度，非緊急使用人士的百分率卻仍然有增無減，證明問題沒有從根源去着手處理。

糖尿病的病發率在過去三十年大大提升，這個升幅在包括香港在內的西太平洋區特別顯著。目前全球大約有四億多名糖尿病患者，並中西太平洋區佔大約一億五千萬，估計到 2040 年會上升至超過 2 億。根據國際糖尿病協會（International Diabetes Federation）2015 年的報告，香港有接近六十萬糖尿病人，患病率大約佔人口的10%，每年治療一位糖尿病人大約為美元 \$1800。這六十萬病人，基本上每年要到專科門診複診三至四次，即每個工作天便大約有至少六千名糖尿病人到診。如果香港有四千多名基層醫療執業的醫生，每人每天處理一個糖尿病人的個案，即可以紓減公營醫院糖尿專科服務大約六至七成。專科門診便可以有較大空間處理複雜的病例。如果其他慢性病都可以有社區執業醫生參與，個別醫生每天可能多照顧數位慢性病人，集腋成裘，對整體醫療系統可以發揮很大的作用。

三、基層醫療多元化的需求

單憑醫生服務是不可以提供有效的基層醫療服務,必須要配合多元化的需求(圖 2-1)。

圖 2-1:基層醫療 / 社區護理多元化的需求

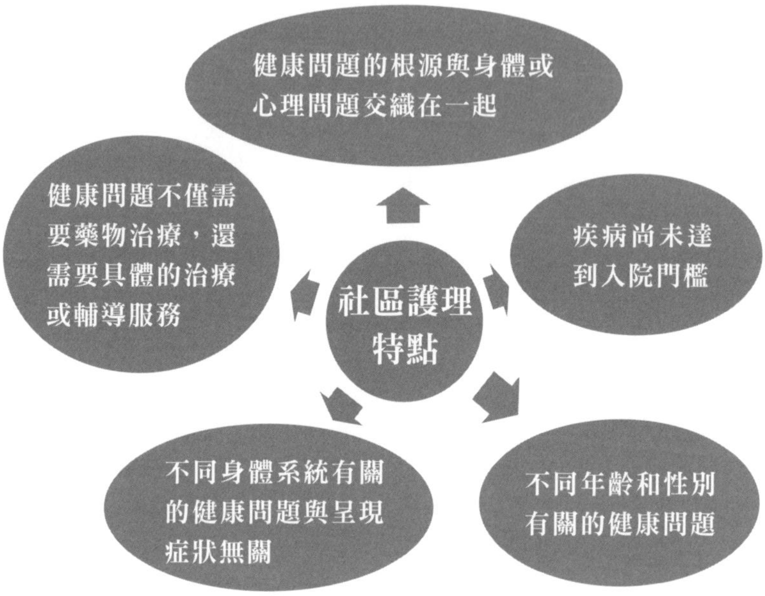

健康問題的根源與身體或心理問題交織在一起

健康問題不僅需要藥物治療,還需要具體的治療或輔導服務

社區護理特點

疾病尚未達到入院門檻

不同身體系統有關的健康問題與呈現症狀無關

不同年齡和性別有關的健康問題

資料來源:筆者

下列六點是描述社區醫療的主要領域:

- 健康與疾病
- 健康與家庭
- 健康與社會
- 健康與行為
- 健康的促進與疾病的預防
- 健康與特別的人口群組

　　我們可以從一項糖尿病患者自我管理服務成效的研究，去探索如何有效發揮社區醫療配合慢性病的管理（Lee et al., 2011）。雖然治療糖尿病的原則方案廣為人知，但現行提供的治療質素與理想的模式仍有差距（Wagner et al., 1996）。慢性疾病管理的典範模式，應包括跨界別的護理團隊，給予患者在自我管理上的支援。儘管糖尿病患者經常得悉相關的護理知識，然而有效地控制病情，則有賴一些病者能參與的自我管理方案，特別是一些小組式互相扶持的活動，尤其有效（Norris et al., 2002）。如果醫務人員能替病人提供多方面評估，將能大大提升病人自我照護的信心（Green and Yerdida, 2005）。

　　研究指出（Lee et al., 2011），自我管理服務之目的是加強：

- 患者的知識和技巧的掌握
- 自我能力感
- 改變健康行為的動機
- 對病患的接納和適應

　　在糖化血紅素水平改善方面，實驗組較對照組參與者高出三倍或以上。體質指數與腰臀比率同樣有改善，體質指數下降情況只出現在實驗組，腰臀比率下降情況也只出現在實驗組。自我能力感的來源分別是：

- 有關糖尿病生理學的資訊（糾正錯誤觀念、定下可行目標）
- 言語鼓勵（同路人分享鼓勵、工作人員啟發認同）
- 別人的成功經驗（從觀察中學習、彼此分享心得）
- 個人在實踐後的成就感（將學習過程系統化，變成易於掌握技巧、並細緻地逐一分析可行步驟）

表 2-1：分析傳統方法與自我管理方法的分別

傳統方法	自我管理方法
家長式專業為中心	以患者為中心參與
注重知識和教學的資訊	解決問題的技巧側重於態度和行為的變化
教學式	做出健康選擇容易的選擇
注重治癒的角度	注重預防和預防措施，避免併發症
加強疾病管理的技術能力	提高自我效能

四、地區醫療系統與基層醫療護理服務

1. 基層醫療不應視為醫院治療的延續

很多市民對基層醫療缺乏信心，是因為他們認為自己需要的是多種的專科服務，基層醫療難以應付。他們的顧慮是可以理解的，但基層醫療並不是要取代醫院，而是避免在醫院處理基層醫療的病，例如不適當使用急症室、沒有太多併發症的慢性病、因社區支援不足而入院等等，這些是要正視的問題。

慢性疾病可以是非常複雜的，複雜情況主要分兩類，一是疾病的嚴重性，另一是慢性疾病可以引發多種健康問題，同時亦可能有不同的身體毛病。它需要的不僅僅是「評估和建議」的護理模式，而是需要不同的照護。不是純粹服藥，同時亦需要日常生活上正確的照護。而服務提供亦不局限於某一醫療專業，例如上述提及的糖尿病人自我管理，除了涉及不同專業人士，同時也要發動其他人士協助他們增強能力。所以基層醫療是社區為本的醫療，需要充分利用社區資源去配合。如果將醫院的模式搬到社區，除了不符合成本效益外，同時亦不能達到需求，不能有效照顧大量病人。

　　複雜的是如何通過良好的協調進行提供全面的照護，其中最關鍵的是幫助患者應付因不同疾病帶來複雜的問題，這方面是基層醫療的核心服務。患者需要根據自己的需要和臨床情況，獲得不同界別的專業人士意見。這不是患者需要哪些專家，應該是患者是否可以有專家團隊持續評估他們的需求，並協調他們得到最佳的照護。

　　需要以患者為中心的照護，支持他們採用各種生活方式，避免或減低影響健康因素的行為，作為健康管理的基本條件。但對如何幫助病人或家人實現這些建議，在主流醫療系統，卻往往沒有明確指導。

　　有效的基層醫療可以為不同專科建議的疾病管理計劃，發揮協調作用，幫助患者找到符合他們身體需求的照護模式。香港的大多數基層醫療醫生都是獨自執業，香港亦缺乏優質的地區醫療系統與基層醫療護理健康的基礎設施，以致在社區執業的醫生，不能夠為患者提供全面、全人和持續的基層醫療服務，充分發揮家庭醫生的角色。

　　為何過去數十年，醫院不斷增加服務，醫療成本急劇上升，卻無助紓緩緊張的情況。因為服務都是聚焦醫院服務，沒有政策落實處理有潛在健康危機的人士，減少他們入院的需要。圖 2-2 顯示醫療健康的生態，住院的人士只是人口的冰山一角，而大部分健康有問題的人，都是在社區尋找資源去處理，亦有一部分通過基層醫療專業人士處理不同的健康問題。在香港，醫院以外缺乏完善的社區配套，提供全面的基層醫療，因此特首施政報告提 的康健中心，是應該面對社區健康問題，向有實戰經驗的基層醫療專家取經，而不是將原本的醫院模式轉化到社區，否則只是解決冰山一角的健康問題。

圖 2-2：醫療健康的生態

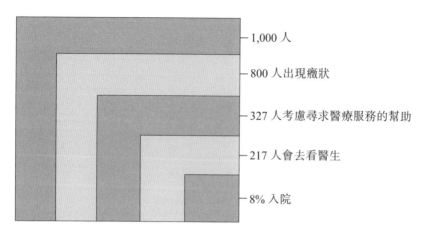

— 1,000 人

— 800 人出現癥狀

— 327 人考慮尋求醫療服務的幫助

— 217 人會去看醫生

— 8% 入院

資料來源：Green et al., 2001.

2. 葵青區的醫社合作模式與葵青安全社區與健康城市協會的貢獻

本文作者與另一名學者於 2017 年 3 月 23 日在《明報》發表文章〈醫療改革由基層造起 —— 給候任行政長官的醫療路線圖〉（李大拔、趙永佳，23/3/2017），建議建立地區醫療系統，區內基層醫生聯同護士及專職醫療人員組成團隊，為地區居民提供有質素保證的長期護理服務，這不但可以減少病人不必要住院，更令醫療資源的分配可以考慮到地區人口的需要。如果地區醫療服務及醫院服務能夠得到平衡發展，是最佳解決公營醫院人手不足及工作量過重的情況。

文章亦指出，自 2008 年《施政報告》開始，特區政府開始重視加強基層醫療的措施，2010 年更成立衛生署基層醫療辦公室，推行基層醫療發展策略及行動。但香港接近 70% 的病人是從私人執業醫生尋求基層醫療服務，私人執業醫生大部分都是個別運作的診所，小部分可能有護士專業服務，但大部分是沒有專職醫護人員直接提供支援。普通科門診模式主要都是看病處方，在同一天空下，沒有直接從其他專職醫療服務得到支援。雖然醫院管理局會邀請不同的非政府組織，在普通科門診提供病人復康及自我管理服務，但由於資源及機構人手的限制，未能提供全面性的一站式基層醫療。實際上香港很少機構能提供基層醫療辦公室所描繪的基層醫療服務，葵青安全社區及健康城市協會推動的社區健康服務，是其中一種嘗試。

葵青健康安全城市協會得到 2016 年有健康城市聯盟頒發健康城市最佳醫療系統獎項的殊榮，葵青的計劃是以「醫、福、社」的模式（Lee and Wei, 2018），綜合區內醫護及社會服務的專業人士，連同地區內的持份者，提供貼身民眾的社區醫療護理服務。同時亦得到醫院、學校、大專院校、區議會及非政府組織（NGO）的支援，深化服務的提供及加入教育與科研的元素，除了使市民得到全面性的綜合醫療護理服務外，跨專業及跨界別的模式，有助營造地區的健康文化，真正能提升市民身心靈的健康。此模式亦有助及早察覺高危一族，可以令他們及早得到專業的診治。2018 年葵青健康安全城市協會得到健康城市聯盟頒發「健康城市最佳成就獎」，表揚地區多年發展健康城市，推廣工作做得極佳，以及「健康城市創意獎」，表揚地區應用健康城市概念，作為預防非傳染病（NCD）的策略。

葵青安全社區與健康城市協會推動的醫社合作模式，是行政長官於 2013 年施政報告，推出一億港元撥款給每一區建立重點項目。葵青區以社區健康為重點項目，成功推動醫、福、社合作模式，為未來地區醫療發展打下基礎。圖 2-3 是當時構想可行的地區醫療架構，為策劃未來的康健中心作參考。重點項目的經驗，加上很多基層醫療及健康城市專家的構想，協會於 2018 年向政府提交營辦葵青區康健中心建議書，2019 年 3 月協會得到政府委託，成為香港第一個康健中心的營辦機構。

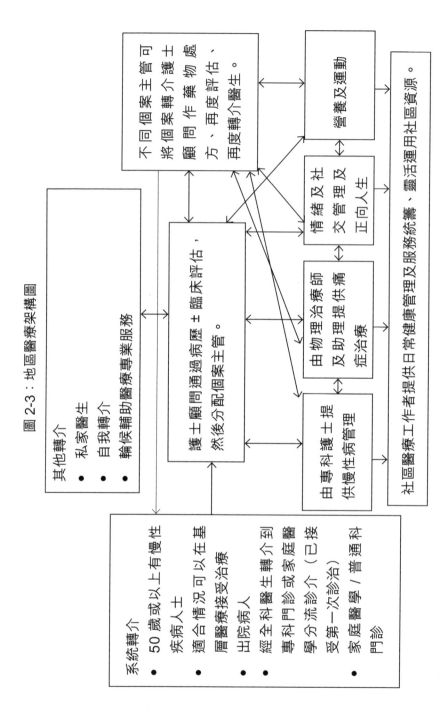

圖 2-3：地區醫療架構圖

其他轉介
- 私家醫生
- 自我轉介
- 輪候輔助醫療專業服務

不同個案主管可將個案轉介護士顧問作藥物處方，再度評估、再度轉介醫生。

護士顧問通過病歷士臨床評估，然後分配個案主管。

系統轉介
- 50 歲或以上有慢性疾病人士
- 適合情況可以在基層醫療接受治療
- 出院病人
- 經全科醫生轉介到家庭醫生
- 專科門診或家庭醫學分流診介（已接受第一次診治）
- 家庭醫學／普通科門診

由專科護士提供慢性病管理

由物理治療師及助理提供痛症治療

情緒及社交管理及正向人生

營養及運動

社區醫療工作者提供日常健康管理及服務統籌、靈活運用社區資源。

五、結語：地區性基層醫療發展的挑戰

發展基層醫療的挑戰可以綜合為下列數點：

* 要明白醫院冰山一角的醫療問題，是因為沒有好好在社區照護市民的健康。醫療資源及支援沒有投放在社區，為居民有效地管理他們的健康。
* 將醫院模式轉移到社區，不能有效地發揮基層醫療的價值。
* 發展地區性醫療，必須避免由上而下的指令，而應是由下而上，配合居民的需求。
* 營辦機構對於地區有一定的認識及了解，應給予更大空間去發展服務。
* 人手培訓非常重要，需要有從事社區醫療工作的專家從旁協助，同時需要訓練社區醫療工作者，提供日常的健康管理及服務統籌工作，不但可以讓護理及專職醫療人員集中處理複雜的個案，其他居民也不會被忽略。

政策制定者應該避免陷入一種陷阱，可以通過縮減醫療保健服務，從而控制成本。很多時會減少有效的干預措施，最終不但未能真正降低成本，反而令到健康管理沒有進展，長遠來說是增加成本。醫療保健的不足不是單單着眼於成本控制，決策者應該在有效的干預措施上花費更多（而不是更少），作為長遠的社會投資。按醫療服務付費的獎勵，滿足數量超過質量然後入手不會促進使用高價值和低成本的預防和患者教育等服務，可能會增加健康成本。

社會需要考慮健康和公義（health and equity），每個公民都應該
獲得適當的醫療保健。問題是什麼類型的醫療保健？以及他們應該
在哪裏尋求幫助？患病者和健康問題源於社區，要解決根源，我們
也需要從社區健康入手，圖 2-4 是一個地區醫療系統，期望可以在
社區處理健康根源的問題。

圖 2-4：地區醫療系統提供基層醫療護理服務

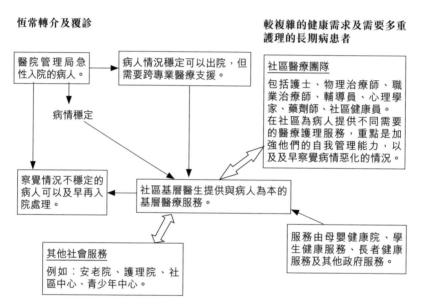

資料來源：Fong K. and Tong K.W. (eds.) (2014). *Community Care in Hong Kong: Current Practices, Practice-research Studies, and Future Direction*. Hong Kong: City University Press.

參考資料

（中文）

李大拔（2016）。〈自願醫保及醫療體制〉，香港電台香港家書。擷取自：
http://programme.rthk.hk/channel/radio/programme.php?name=radio1/
hkletter&d=2016-12-10&p=1085&e=406216&m=episode。

李大拔、趙永佳（23/3/2017）。〈醫療改革由基層造起 —— 給候任行政長官
的醫療路線圖〉，《明報》。

（英文）

Boutayed, A. and Boutayed, S. (2005). "The Burden of Non Communicable Diseases in Developing Countries." *International J for Equity in Health*, 4, p. 2.

Green, L.A., Fryer, G.E Jr., Yawn, B.P., Lanier, D. and Dovey, S. (2001). "The Ecology of Medical Care Revisited." *N Engl J Med*, 344, p. 2022.

Greene, J. and Yerdida, MJ. (2005). "Provider Behaviours Contributing to Patient Self-management of Chronic Illness." *J of Health Care for the Poor and Underserved*, Vol. 16, No.4, pp. 808-824.

Lee, A. and Wei, R. (2018). "District-level Primary Care in Hong Kong: 'Current Practice and Future Development' in Kwai Tsing." Community Health Care Conference Organised by Caritas Institute of Higher Education and Open University of Hong Kong, Hong Kong.

Lee, A. (2014). "Family Medicine and Community Health Care." In *Community Care in Hong Kong: Current Practices, Practice-Research Studies*, and Future Directions, (edited by K. Fong and K.W. Tong). Hong Kong: City University Press.

Lee, A., Siu, C. F., Leung, K. T., Chan, C., Lau, L. and Wong, K. K. (2011). "General Practice and Social Service Partnership for Better Clinical Outcomes, Patient Self Efficacy and Lifestyle Behaviours of Diabetic Care: Randomised Control Trial of a Chronic Care Model." *Postgraduate Medical Journal*, 87, pp. 688-693.

Lee, A., Lau, F. L., Clarke, C.B., Kam, C. W., Wong, P., Wong, T. W. and Chow, S. (2000). "Factors Associated with Non-urgent Utilization of Accident and Emergency Services: A Case-control Study in Hong Kong." *Social Science and Medicine*, Vol. 51, No.7, pp. 1075-1085.

Norris, S. L., Nichols, P. J., Caspersen, C. J., et al. (2002). "Increasing Diabetes Self-management Education in Community Settings: A Systematic Review." *Am J Prev Med*, 22, suppl. 4, pp. 39-66.

Wagner, E., Austin, B., Von Korff, M. (1996). "Organising Care for Patients with Chronic Illness." *Midbank Q*, 74, pp. 511-44.

Wong, F. K. Y., Chow, S., Chang, K., Lee, A., Liu, J. (2004). "Effects of Nurses Follow-up on Emergency Room Revisits: A Randomized Controlled Trial." *Social Science and Medicine*, Vol. 59, No.11, pp. 2207-2218.

第三章
社區層面的基層醫療
服務經驗

周奕希
（葵青區議會副主席）

一、引言

　　葵青區是首個結合「安全社區」及「健康城市」運動的香港地區。「葵青安全社區及健康城市協會」（協會）於 2002 年 8 月正式成立為註冊慈善機構。早於 2000 年 10 月，葵青區議會與職業安全健康局聯同區內十多家公私營機構，共同成立了協會的前身：「葵青安全社區」。其目的是通過整合社區資源及地區協作計劃，積極推動社區安全文化。其後於 2001 年 10 月，「葵青安全社區」在葵青區議會主席的帶領下，加入了「健康城市」元素，藉固有的「安全社區」組織和網絡，把健康社區的概念帶到區內每一個社會層面。在過去的十多年，協會在葵青區成功推行了多個安健工作計劃。2004 年 10 月，葵青區更成為世界衛生組織西太平洋區域「健康城市聯盟」的創會會員，在成立西太平洋區域健康城市聯盟的中國香港支部上，擔當着重要的角色。在 2018 年 10 月舉行的年會上，被選為「健康城市聯盟」執行委員會委員。

二、葵青區基層醫療服務的四大方向

「安全社區」由世界衛生組織倡導，指藉着社區內不同界別，如公私營機構、學校、醫院等組織的相互協作，為市民提供一個安全健康的生活及工作環境。世界衛生組織所倡議的「健康城市」，並非純粹是一個衛生標準，而是一個可適用於世界任何地區的理念，該理念強調共同參與、聯繫、承諾以及平等。通過各界別的參與和相互協作，強化社區資源，改善社區環境，共同建設健康和積極的社區生活。要有效地達至計劃的目標，讓安健文化得以在社區扎根，所有的安健計劃必須以地區為基礎。各政府部門、公私營機構及區內各個家庭和團體，如學校、屋邨及工作場所等，通過共同策動以地區為主體的安健計劃，讓市民在固有和熟悉的社區網絡和關係下，能有效地落實以地區為本的計劃目標。

1. 安健屋邨及「醫福社」跨專業支援長者居家安老

協會於 2002 年推出「安全健康屋邨」計劃，目的是加強屋邨的安全和健康管理，從而改善市民的居住環境。此計劃參照世界衛生組織的準則，制定了一套評審屋邨屋苑的標準，評審項目包括：屋邨管理、綠化環境、為長者及傷殘人士而設的安健設施、安全及健康教育、家居安全及風險評估等，並由政府部門、學術機關和公共機構代表擔任評審團。2003 年，長青邨成功通過各項評審，獲確認為首個安健屋邨，此後共有九個屋邨屋苑陸續獲得「安全健康屋邨」的認證。

在 2005 至 2014 年間，協會及南葵涌社會服務處（前稱南葵涌服務中心）獲「社區投資共享基金」撥款資助，包括「長青安健屋邨計劃」、「家加關愛在長青」、「安樂窩，笑呵呵」、「荔景長者互聯網」及「在家千日好」等。在葵青區六條屋邨，包括長青邨、荔景邨、葵芳邨、葵涌邨、長安邨及祖堯邨，推行社區安健計劃，以「醫、福、社」協作模式建構跨界別健康支援網絡，旨在提升社區長者的健康及生活質素。這些計劃都是通過社康護士和社工的合作，支援屋邨內有需要的家庭和協助居民組織互助網絡；通過民、校、商、官的合作，把社區資源結合，目的是使長期病患者及長者可以安全地在社區生活。計劃都得到預期的效果，使參與計劃的居民減少使用醫院服務達 60%，入院人數也大幅減少。「荔景長者互聯網」於 2011 年更獲勞工及福利局社區投資共享基金十周年「卓越計劃大獎」，表揚計劃能有效達致推動跨界別合作創立「醫、福、社」嶄新協作模式，並建立社區健康關顧支援網絡，特別協助獨居或兩老共住的長者可以在家安老，促進居民及家庭的「身、心、靈」健康，全面提升社區抗逆力。

於 2015 年，南葵涌社會服務處獲得「社區投資共享基金」撥款資助，進一步將「醫、福、社」協作模式推展至深水埗區，除了協助區內長者、長期病患者、新生嬰兒家庭及婦女建立跨界別健康支援網絡外，並建立鄰里互助網絡，推廣鄰舍關懷及信任，並推動他們參與社區，達致充能及角色轉化，凝聚社會資本及共建互助互愛的社區文化，達致社區共融。計劃過去三年，共服務 4,039 人，服務使用者使用急症室及入院率均下降 14% 和 26%。

2. 安健學校及 QK 部落青少年健康資源中心

安健學校計劃是參考並以世界衛生組織所倡議的「健康促進學校」為基礎，在 2004 年上旬，協會聯同葵青區議會、教育局、香港中文大學、瑪嘉烈醫院、職業安全健康局、衛生署和中華電力有限公司，共同策動「安健學校先導計劃」，在幼稚園、小學和中學內試行。計劃內容包括為學校安全和健康而設的訓練課程，並需要通過 34 項評審準則，包括：安健管理政策和落實方法、環境衛生和保護、社區參與等。在 2005 年 7 月，「葵青安健學校計劃」正式推出，連同參與先導計劃的 3 間學校，合共 16 間學校獲確認為「安健學校」，惠及學生約 12,000 人。

為落實校園健康和加強青少年的健康成長，協會聯同葵涌醫院和瑪嘉烈醫院，在葵青民政事務處的支持下，於 2009 年成立了一所青少年健康資源中心 ——「QK 部落」。「QK 部落」初時位於長青邨社區中心，現搬遷至荔景邨專為青少年提供關顧和不標籤化的輔導服務；通過體能和個人行為評估，使能及早發現身、心發展有誤差的青少年，並為他們提供轉介、輔導和治療服務。協會在 2011 年得到「禁毒基金」資助，開展為期兩年的「葵籽計劃」，為 9,000 名學生進行健康評估及跟進。於 2014 至 2018 年獲香港賽馬會慈善信託基金捐助，推展為期四年的健康校園計劃，與區內 17 間中學及教育機構協作，為 33,801 人次學生提供健康評估，當中 2,579 人次學生需到「QK 部落」接受跟進和評估。

3. 安健院舍

現時葵青區約有 60 間院舍，合共提供三千多個宿位予長者。為改善院舍管理，提高長者對安全和健康的認知，協會於 2004 年與葵青區議會、職安局、社會福利署及瑪嘉烈醫院聯合推行「安健院舍獎勵計劃」。通過實地巡查，以環境安全及衛生、員工安全意識、防火設備及防感染措施等為評審準則，達標的院舍可獲確認為「安健院舍」。在 2004 至 2006 年間，共有 46 間院舍參加了此項計劃。

為促進院舍提升藥物管理的水平，協會於 2008 至 2010 年期間在院舍推展了「藥物安全運動」，共有 71 所葵青和荃灣區院舍參與此項計劃。計劃由瑪嘉烈醫院社康護士和仁濟醫院藥劑師合作推行，為院舍訂定藥物管理系統，加強藥物安全的認知，從而確保院友得到適當的藥物治療。計劃亦為 300 名院舍護理員提供藥物管理培訓及現場專業指導，並與社康護士配合，持續監察藥物處理的情況。

「跌倒」是老人因意外導致死亡的主要原因之一，為預防和減低老人跌倒的情況發生，協會於 2010 年 11 月開始了為期兩年的「安老院舍防跌計劃」。計劃是由 70 多位資深護士及專職醫療人員擔任安健大使，義務為葵青及荃灣區 84 所安老院檢查防跌用具及助行器具，並作環境安全評估。在巡查過程中，發現了 970 件助行設備需要作出維修或更換。為使院舍職員能夠持續鼓勵長者多做運動，物理治療師更特別設計了一套強化肌肉和平衡力的運動，讓院舍職員帶領院友們齊做運動。此外，協會還將「防跌十式運動」製成光碟，協助院舍為長者增強抗跌能力。此計劃已成功把跌倒事故減少 8%。

除了院舍的環境安全外，協會亦關注長者的膳食及營養。在 2012 年協會聯同社會福利署、衛生署、瑪嘉烈醫院以及仁濟醫院共同成立工作小組，制定了一套檢測院舍膳食的標準，以及餐單設計與長者營養指南等。此外，由 62 位仁濟醫院和瑪嘉烈醫院職員組成的安健大使，到 72 間院舍作實地探訪和觀察，並在 2013 年初舉行開展禮，邀請衛生署和醫院的營養師為院舍講解長者營養和示範處理食物等活動。

4. 安健工作間

工作是生活的一部分，安全的工作環境與安全社區的關係密不可分。作為葵涌區主要的醫院，瑪嘉烈醫院早於 1995 年已為員工提供兩年一度的健康檢查，葵涌醫院亦於 2009 年加入。2010 年九龍西聯網的醫院共同參與國際安全工作場所計劃（ISWP），實踐世界衛生組織的準則，促進醫院的安全工作文化。經過一年多的努力，九龍西聯網醫院在 2011 年 5 月成為全球首間獲得世界衛生組織頒發此項認證的機構，成為醫療服務機構建設安全健康工作場所的典範。

三、推廣健康活動

協會自 2005 年起，已舉辦超過三十次社康日，內容包括：健康資訊展覽、健康講座、太極示範、體質指標、血糖、血壓、血脂等檢查。活動的安排是通過分區委員和民政事務處合作協調，每次活動均反應良好，參與活動的人數已逾 5,000 人。

心臟病是香港第二號殺手，但心臟病患者如在病發時能及時被施行心肺復甦法（CPR），可大大增加患者的存活率。有見及此，協會於 2005 年開始舉辦「心肺復甦齊齊操」的心肺復甦訓練課程，目的是讓心肺復甦訓練普及化，讓 13 歲或以上的人士均可認識到心臟病病發時的即時處理方法。協會在 2010 年 1 月 24 日假葵涌運動場舉辦了「心肺復甦齊齊操，世界紀錄齊創造」活動，當日共有 4,800 多名葵青區居民、中學師生家長、大專學生、醫護人員和義工參加，成功刷新了世界健力士紀錄。

糖尿病視網膜病變（俗稱「糖尿病上眼」）是由糖尿病引起的併發症。在 2005 年底，協會與香港理工大學視光學系合辦了「糖尿病視網膜病變篩選檢查服務」，為區內的糖尿病患者提供檢測服務。患者由其家庭醫生轉介到「荔景社區結合保健中心」，由視光師為患者作視網膜檢查並進行眼底拍攝，然後把相片和報告交予患者的家庭醫生作進一步診斷。截至 2012 年 1 月 31 日止，共有萬多名糖尿病患者接受了此項檢查，當中大約有 25% 被診斷為輕微至中等程度的血管病變，而只有少於 1% 為嚴重個案。

2003 年「沙士」（SARS）在香港爆發，政府官員、地方領袖及醫護人員努力抗疫時，協會也與香港理工大學護理學系和瑪嘉烈醫院舉辦了一連串的講座和展覽，希望在社區的層面，加強市民大眾對抗疫的知識，減低「沙士」在社區爆發的機會。自 2009 年 4 月 30 日起至今，瑪嘉烈醫院與協會在葵青各屋邨和機構內已舉行了 19 個教育講座，內容是介紹流感的預防及治療方案，解釋政府實施的措施要點和原因，共有 1,600 名居民參加。

2009 年 6 月，社區爆發了人類豬型流感，協會遂於同月 15 日即時設立諮詢熱線，並為 79 間荃葵青區院舍作巡查，提供專業指導及支援；當中有 10 間院舍進行了傳染病爆發演習，為社區爆發疫症作好準備。此外，協會組織了流感大流行社區支援網絡，並在葵青區議會的率領下，進行首個「葵青各界抗疫督導委員會」會議，制訂了行動方針，以便當社區疫症爆發時，能迅速執行抗疫行動。

2014 年至 2019 年，協會成為葵青區議會「葵青社區重點項目」計劃的協作夥伴，合作提供社區健康服務。通過跨專業、跨部門的「醫、福、社」協作模式，致力在葵青區推廣健康知識，與居民共建健康社區。計劃項目包括六大範疇：

(一)　與香港理工大學社區結合保健中心協作，為年滿 50 歲或以上居民提供綜合眼睛檢查、治療服務及白內障手術資助，累積服務人數達 9,630 人，當中 71 人接受手術資助。

（二） 與社福團體共同協作，設立 5 間社區健康中心提供中醫診症、護士諮詢、痛症管理、復康運動班、愛心探訪、健康教育及健康資訊服務，累積服務人次超過 15 萬。

（三） 改善家居安全環境評估及資助，通過與各大專院校、互委會及房屋署協作，探訪 2,949 戶獨居或兩老共住的長者，義工服務人數達 748 人。

（四） 流感疫苗注射服務，共 12,354 人次注射。

（五） 外展健康檢查及諮詢服務，與 15 間社福機構、地區團體、學校及業主立案法團共同協作，共服務 99,874 人次。

（六） 定期與社福機構及學校舉辦健康教育服務，共舉辦 91 次教育講座，服務 6,275 人次。

藉着這些以基層醫療服務的先導計劃，除了為居民提供一站式的健康服務外，更發揮起社區資源融合的作用，為居民提供優質的社區醫療服務，並加強居民對於疾病預防的意識。

四、傷害監察系統及研究

2003 年 9 月，經過對瑪嘉烈醫院急症室受傷個案的分析，協會得到職業安全健康局的資助，與瑪嘉烈醫院聯同香港理工大學成功設計了「傷害監察系統」；後來又得到葵青區議會和葵青民政事務處的協助，把電子地圖與系統結合成新一代的傷害監察系統，將瑪嘉烈醫院急症室求診的受傷個案進行分析和整合，並以地圖綜合顯示個案發生的地點。分析結果有助政府部門或志願團體有效地制訂預防意外的政策。該系統自成立以來，已得到本地和國際上極佳的評價，除於 2009 年得到「香港資訊科技獎」外，亦得到亞洲科技獎項。

此外，協會亦與醫護專家和學者進行多個傷害事故及預防研究項目，如暴力及虐待個案的分佈、院舍防跌計劃、自殺和自我傷害行為調查、交通事故資料庫、遊樂場安全等。其中「交通事故資料庫」一項研究得到「健康護理及促進基金」的讚賞，並在 2011 年健康促進研討會上獲頒發獎項嘉許。

五、葵青健康城市美好未來

葵青區將設立一個以嶄新運作模式及由政府出資的地區康健中心，通過公私合營和醫社合作模式，提供以地區為本的基層醫療服務。作為地區上的持份者，我們期盼計劃能按地區需要和特色，能更便捷地在社區內照顧個人的健康需要，提高居民對於個人健康管理的意識，加強疾病預防，和強化社區醫療及復康服務，從而提升居民對預防疾病的意識和自我管理健康的能力，以進一步體現醫社合作在基層醫療健康服務方面的成效。

六、結語

我們多年來工作的成功關鍵在於跨專業、跨界別和跨部門協作，建立以社區為主的合作平台，通過市民的參與，推動安全和健康文化，共同構建更安全、更健康的社區。

圖 3-1：安健社區

圖 3-2：2004 年 10 月，葵青區成為世界衛生組織西太平洋區域「健康城市聯盟」創會會員，在成立「健康城市聯盟」香港分會上，擔當重要的角色。

圖 3-3：2007 年 11 月再次獲確認為國際「安全社區」

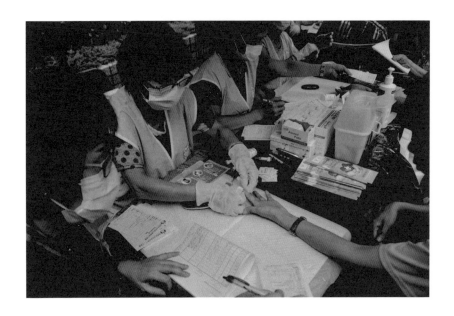

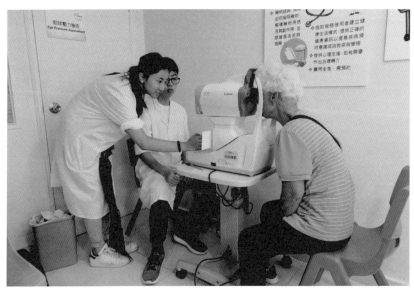

圖 3-4（上、下）：糖尿病視網膜病變篩選檢查健康評估服務

圖 3-5：健康社區

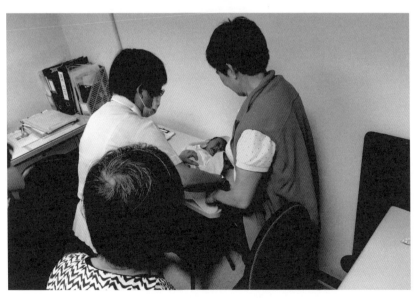

圖 3-6：明愛醫院資深護師為嬰兒進行健康檢查

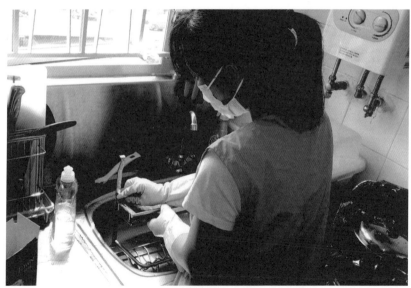

圖 3-7（上、下）：低收入家庭婦女為獨居長者進行陪診及家居清潔服務

圖 3-8：醫校同行社區探訪計劃

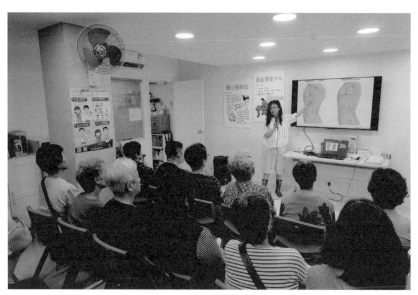

圖 3-9：健康教育講座

第四章

專職醫療專業在基層醫療服務的角色：理念與限制

曾永康

（香港理工大學康復治療科學系系主任）

蘇穎欣

（香港理工大學康復治療科學系博士生）

一、引言

　　近年，因全球老齡化及慢性病的病發率逐漸增加，不少國家都計劃進行基層醫療改革，希望作出相應的對策。其中，一些西方國家如澳洲及加拿大的基層醫療發展較為迅速，已有一些改革計劃在進行中。它們的基層醫療改革都有一個共通點，就是專職醫療人員與醫護人員合作，以一個團隊的方式為市民提供更全面的醫療服務。本章將會概述澳洲及加拿大的基層醫療體系及其與專職醫療的關係，亦會提及現時專職醫療在香港基層醫療的角色。本章通過參考澳洲及加拿大的基層醫療作出建議，希望日後能強化香港專職醫療在基層醫療的角色。

二、西方國家的基層醫療模型及其與專職醫療的關係

1. 澳州

　　基層醫療在整個澳洲的醫療系統佔有先導性的地位，它提供的醫療服務種類繁多，包括健康促進、預防和篩查、早期干預、治療和管理。澳洲政府為不同族群的人提供基層醫療服務，它亦會針對健康和特定的生活方式條件提供不同服務，幫助減低患病風險（Department of Health, 2013）。澳洲的基層醫療涉及跨界別的醫療提供者，包括全科醫生、護士、專職醫護人員（包括物理治療師、職業理療師、心理學家、社會工作者、視光師、足病診療師、言語治療師、骨療醫生、中醫師、醫療放射工作者及脊醫）、助產士、藥劑師、牙醫及土著衛生工作者（Department of Health, 2013；Healthdirect, 2018a）。澳洲的基層醫療以「區域」為基礎，根據不同地點，基層醫療的營運方式都可能有所不同（Department of Health, 2018）。「社會決定因素」強烈影響個人和社區的健康，亦影響衛生服務的可持續性。因此，基層醫療規劃和實施必須識別到房屋、教育、就業，基礎設施和交通等「社會決定因素」對居住在社區中的人所產生的影響，在有需要時，讓不同部門成為合作夥伴，解決影響社區的具體問題。

　　澳洲政府在 2015 年成立 31 個「基層醫療網路」，它們分佈在不同區域，旨在改善患者的醫療服務，特別是那些有不良健康風險的患者（Healthdirect, 2018b）。「基層醫療網路」是由澳洲政府資助的獨立組織，確保政府的資金適當地運用在有需要的地方，並用於最有效的健康計劃上。每個「基層醫療網路」都由醫療專業人員委員會監督，由臨床委員會和社區諮詢委員會提出建議。「基層醫療

網路」負責支持全科醫生、護士和專職醫療人員改善患者護理。首先，它會對其所在地區的衛生需求進行評估，然後利用評估結果找出資源需求、可行計劃和服務的人群。這些資訊有助於「基層醫療網路」制訂健康服務，以滿足社區的需求。

近年，澳洲提倡建立醫療保健院（Health Care Homes），為患者提供全面支援和護理（WA Primary Health Alliance, 2016）。澳洲設立「醫療保健院」的主要原因是近年慢性病和複雜病症的發病率增加，令它們的醫療系統面對重大挑戰。患者的需求因此有所轉變，需要基層醫療的全面響應，以應對相關挑戰並確保未來有一個可持續的醫療系統。醫療保健院被視為一個能為慢性病健康提供更全面、更綜合護理的地方。醫療保健院支持增強團隊護理，同時以共享信息為基礎。它協調所有醫療、專職醫療和院外服務作為患者訂制護理計劃的一部分，提供非常全面的服務。除此之外，醫療服務由從前「以醫生為中心」轉變為「以團隊合作」為基礎，加強一系列臨床、專職醫療和社會護理人員合作。政府希望通過「醫療保健院」改善預防性健康和治療服務，提高患者滿意度及減少住院率。醫療保健院有很多特點都是以前基層醫療沒有的，例如患者可以提名合意的臨床醫生、患者及其醫療團隊一起收集和共享數據、提供靈活的服務傳遞和團隊護理等。再者，它強調在復康過程中，患者、家屬及其護理人員是合作夥伴的關係，通過這幾個單位的合作，令康復過程更加順利。基層醫療網路將協助醫療保健院收集和報告數據，並利用它改進當地的護理質量。目前的證據顯示，醫療保健院模型在一系列測量中都取得了正面的成果，包括減少緊急部門的使用、增加預防服務、提升患者和實習人員的經驗。當然，醫療保健院剛剛建立，它的效用還有待觀察。

2. 加拿大

《加拿大衞生法》決定了加拿大十三個省和地區的護理系統（Hutchison et al., 2011）。在加拿大，大多數醫療保健都是公共資助的，但通過私營機構提供服務。雖然是公共資助，但加拿大市民仍有權選擇自己的家庭醫生。至於專科醫生，雖然沒有條文禁止市民直接聯繫他們，但是經家庭醫生轉介是常態，許多省份都先安排聯繫收費較低的家庭醫生來減少市民直接接觸專科醫生的次數。至於非工作時間護理安排的範圍和類型，則根據不同區域而有不同。

加拿大的基層醫療在衞生保健系統中起着雙重作用，一方面是提供第一接觸點服務，另一方面是具有協調功能，確保整個系統的連續性，保持一體化護理（Government of Canada, 2012）。在加拿大的基層醫療中，服務通常包括預防和治療常見疾病、基本的緊急服務、轉介或協調其他級別的護理（如醫院和專科醫生）、初級精神保健、康復服務等。但在加拿大的基層醫療上都有不少限制，例如對健康促進和疾病預防的重視相對缺乏、缺乏連續性（各種醫療提供者和機構獨立地工作）、醫療人員需要長時間工作等。因此，近年加拿大政府為不同地區提供資助，推動基層醫療改革。每個司法管轄區都根據自己地區的情況，作出不同的改革計劃。基層醫療改革的主要特徵是：由「單一醫療提供者」為病人提供服務轉變為由「醫療者團隊」為病人提供更全面的服務。另外，愈來愈多的人認為家庭醫生、護士和其他專業人員若能成為合作夥伴能帶來更好的健康和服務、更有效地利用資源，以及提高患者和醫療服務提供者的滿意度。加拿大專職醫療人員包括物理治療和職業治療師、牙科保健員、實驗室和醫療技術人員、視光師、藥劑師、心理學家、語言病理學家和聽力學家（Government of Canada, 2018）。這個團隊有足夠能力專注於促進健康和改善慢性病的管理上。再者，醫療人員應該多運用資訊科技去支持醫療提供者之間的信息共享，這樣市民就不必重複講述他們的健康歷史。通過這些方式，個人護理的所有方面都能有系統地匯集在一起。雖然每個地區都有各自改革的方法，但也有很多共通點，包括建立基層醫療保健小組和組織、改善慢性病的管理、加強健康促進和疾病預防等。

在加拿大的新斯科舍省的基層醫療中，它們就強調健康促進，健康、疾病和預防受傷以及整個生命周期的健康維護（Nova Scotia Health Authority, 2017）。在基層醫療的概念框架中，有三個部分，分別為「健康促進」、「基層保健」與「綜合慢性病管理」。「健康促進」是指在社區內推廣和提供健康計劃。「基層保健」是指通過醫療團隊提供個人健康促進、預防、急性偶發護理、持續管理慢性病、康復、脆弱和臨終管理。而「綜合慢性病管理」就是幫助病人提升技能及能力去管理健康，在需要時提供支援，重組基層醫療保健系統，與已有的慢性病護理計劃和服務相結合。新斯科舍省建議組織一個基層醫療保健系統，就是以一個跨專業與家庭協作團隊為基礎的健康之家（Health Homes）。健康之家是一種以人為本，以團隊為基礎的基層醫療保健服務模式。設立「健康之家」的主要目的有三個，分別是：（1）改善人口健康，（2）改善患者體驗，以及（3）降低人均成本。它是一個可持續的中心，根據人群的需求提供及時、高協調性和全面的衛生服務，亦提供一個能讓患者與他們團隊之間持續互動的環境。健康之家鼓勵患者、家屬和個人照顧者積極參與有關持續護理的決策。社區群中的健康之家和協作家庭實踐團隊成員的數量將基於人口的指標決定。通過與患者和家屬合作，協作家庭實踐團隊將擁有核心的護理資源和社區適應性團隊成員（例如：營養師、社會工作者、職業治療師、藥劑師或其他人）。因健康之家始終是一個新概念，強大的質量和問責平台對於「健康之家」的發展和成熟尤其重要。

三、香港基層醫療簡介及其限制

在香港的醫療體系架構下，分別有公營及私營兩種醫療服務（香港政府一站通，2018）。食物及衛生局負責為公營醫療服務制訂政策和分配資源，公營醫療服務為市民提供資助，確保市民能接受全面的醫護服務。而衛生署就是負責執行醫護政策的部門，亦是政府的衛生事務顧問。它轄下有各種診所及健康中心，除了為兒童至長者提供醫療和康復等服務外，亦會幫助市民促進健康、預防疾病。醫院管理局負責提供公立醫院及相關的醫療服務，管理多間公立醫院和醫療機構、專科門診及普通科門診。各醫院及門診被劃分為七個醫院聯網，讓病人可以在同一地區內獲得持續治療。另一方面，私營醫療包括私家醫院及私家中西醫醫療服務，現時約有七成門診服務是由私營界別的基層醫療專業人員提供。為保障市民，所有西醫均需在香港醫務委員會註冊。衛生署亦會監察私營機構，確保它們遵守相關法例。

為了支持和協調本港基層醫療的發展，「基層醫療工作小組」在2008年10月成立，由食物及衛生局局長擔任主席。另外，四個專責小組亦在「基層醫療工作小組」轄下成立，分別為：（1）基層醫療概念模式及預防工作常規專責小組、（2）基層醫療指南專責小組、（3）基層醫療服務模式專責小組及（4）基礎牙科護理及口腔衛生專責小組。工作小組及專責小組為預防及管理慢性病而制訂基層醫療概念模式和參考框架。小組亦會建立《基層醫療指南》，鼓勵以跨專業模式提供基層醫療服務。「基層醫療統計處」於 2010 年 9 月在衛生署轄下成立，當中成員包括醫生、護士、科學主任、政務及行政主任（基層醫療統籌處，2012）。他們成立工作小組，計劃不同的基層醫療措施，推行小組建議的基層醫療發展策略。近年他們加強推廣基層醫療，通過電視及電台宣傳短片、互聯網廣告、宣傳刊物等鼓勵市民多使用基層醫療服務來預防各種疾病及促進健康。食物及衛生局亦制訂基層醫療發展策略文件，告知大眾良好的基層醫療的好處及講述未來基層醫療發展策略。另外，基層醫療指南包含基層醫療人員的背景及執業資料，讓市民更方便尋找合適的基層醫療人員。現時已有西醫及牙醫分支指南，中醫、護士及其他專職醫療人員的分支指南將會陸續建立。除此之外，預防工作小組亦建立基層醫療概念模式供醫護人員參考及幫助提高市民對預防和妥善控制慢性疾病的認識。現時只有糖尿病及高血壓有參考概覽，其他重要疾病的概念模式及參考概覽亦會陸續編製及發表。

　　香港醫療需求日益增加，尤其是現今社會面對人口老化問題，醫護人員及專職醫療人員人手供不應求。醫院出現病房長期爆滿的現象，醫護人員每天工作量都很多，而且病人在公立醫院輪候的時間都很長。政府應積極解決人手問題，例如提供多些學額訓練專職醫療人員、引入其他地方人才等。此外，有些專職醫療人員是需要經醫生轉介才能約見，例如市民若想看物理治療師就需獲得家庭醫生轉介。這樣令市民浪費不必要的時間和金錢，亦不能有效地照顧市民需要。政府可能需要在這方面作一些制度上的轉變，方便市民接觸專職醫療人員。另外，本港醫療投放大部分資源在住院服務上，投放在基層醫療上的資源則比較少。若可以多着重基層醫療，推廣疾病預防，便可以減少住院機會及減輕醫院人員的負擔。

四、地區康健中心模型及專職醫療的角色

今年，政府決定在葵青設立全港首間地區康健中心（District Health Centre），除主中心外，還會有五個附屬中心向主中心提供支援（Food and Health Bureau, 2018）。康健中心的醫療專業人員團隊由不同專業人士組成，成員包括物理治療師、職業治療師、營養師、護士、藥劑師及中醫師。專職醫療人員通過地區網絡與醫生合作，在社區內提供更多元化的醫療服務。康健中心向市民提供多項醫療健康服務，積極推廣基層醫療，希望能提高他們對預防疾病的意識和自我管理健康的能力。為了更有效地預防慢性病及促進健康，中心會主動接觸有潛在風險的市民。中心亦會提供初級預防、中級預防及慢性病管理計劃給不同需要的市民。

在初級預防中，康健中心會組織一些健康教育計劃及小組活動來讓市民在生活上作出改變，建立一個較健康的生活方式。康健中心將會成為一個資源中心，提供醫院保健資訊給大眾，需要時更會介紹他們參加其他網絡醫療人員或非政府機構轄下的健康計劃。另外，中心會為大眾提供基本評估，為識別與慢性病有關的潛在風險收集一些基本資料。評估結果將會記錄在電子健康記錄互通系統，方便其他網絡醫療人員查閱。康健中心會為所有走進中心的市民、轉介自其他網絡醫療人員的市民或參加中心外展活動的市民提供評估及服務。

經過基本評估後，只有確定生活方式有風險因素的市民會被康健中心護理協調員轉介到相關的計劃作中級預防。計劃會視乎不同人的情況作出不同的建議，例如運動、體重管理、預防跌倒、飲食建議等。其中，有與高血壓或糖尿病相關的風險因素的市民將會被轉介給網絡醫生作進一步檢查。若市民確定患有高血壓或糖尿病，他們可以在必要時加入慢性病管理計劃。現時已有四個慢性病管理

計劃的工作流程，分別是糖尿病、高血壓、肌肉骨骼疾病及社區康復，工作流程裏面記錄了轉介標準與計劃的主要內容。

在預防計劃中，專職醫療人員亦會與醫生合作，為病人提供全面的醫療和保健服務。物理治療師及職業治療師尤其在慢性病管理及社區復康上扮演重要的角色。在慢性病管理過程中，醫生會根據病人情況轉介給專職醫院人員作出不同的建議或訓練。物理治療師在糖尿病及高血壓慢性管理計劃中，主要幫助病人作體重管理，達到正常的指標。另一方面，職業治療師將會在這兩個計劃中提供藥物諮詢及教育病人如何管理慢性病。在肌肉骨骼疾病計劃及社區康復計劃中，物理治療師及職業治療師會協助病人制訂個人化鍛煉計劃、讓病人了解自己的疾病、培訓病人對疾病的應對策略及幫助病人建立自立能力。在社區康復中，醫生會與其他專職醫療人員一起擬訂個人化的復康療程（立法會，2018），希望能為病人設計出最合適的計劃，幫助他們改善健康。

五、如何強化專職醫療在地區康健中心的服務

康健中心只有物理治療師及職業治療師各一名，人手實在不足夠。若可以增加物理治療師及職業治療師的數量，便可有多些人手幫忙做預防工作。另外，康健中心應有多些不同種類的專職醫療人員。從上述澳洲及加拿大的例子可以看到它們在基層醫療中涉及的專職醫療人員比香港多，康健中心可以聘請言語治療師、心理學家、視光師等，擴闊專職醫療的範圍。康健中心亦可讓專職醫療人員多參與早期預防計劃，好讓他們用自己的專業知識去教育市民預防不同類型的疾病。專職醫療人員除了跟醫生建立緊密的合作關係

外，專職醫療人員之間亦應加強合作，從多方面了解病人。專職醫療人員亦可在社區組織外展服務，例如到不同機構舉行講坐或工作坊等。另外，他們除了教育有患病風險的市民改變生活方式外，更可以教育家人如何協助他們作出改變。其實坊間有很多能有效預防各種疾病的方法，但很多人都不知道它們的益處。就像氣功，很多人都當它是一種休閒活動，在空閒時用來消遣，其實它無論對預防身體或心理的疾病都非常有效（Klein, 2017）。因此，專職醫療人員除教授市民預防方法外，亦需多解釋各種預防方法帶來的好處及效果。專職醫療人員亦可在社區多提供一些簡單的檢查服務，及早察覺患病風險較高的人士，以便及早提供支援。

六、結語

設立地區康健中心對香港基層醫療來說是邁進了一大步。若想再進一步發展更好的基層醫療系統，則需要參考有較完善系統的國家。以下是我個人對基層醫療的建議：第一，基層醫療應該由「以醫護人員為本」轉變為「以病人為本」，細心了解病人需要。第二，現時地區康健中心只處理某幾種慢性病，我們亦需擴展慢性病管理計劃的範圍，除現有的指引外，其他疾病包括輕度至中度精神疾病亦要多加關注。在香港生活，難免會有很多壓力，若可以多做一些預防工作，可以減少市民因受精神疾病困擾而入院或服藥的機會。第三，專職醫療人員的範圍也需要擴大，希望能有更多不同的專業人士在醫護團隊當中，讓病人得到更妥善的支援。最後，我們應該加強對保健、預防和健康教育的關注。在市民未發病之前先做好預防，希望能推遲發病時間，減少發病機會，甚至避免發病。

參考資料

（中文）

立法會（2018 年 7 月）。〈葵青區地區康健中心〉。擷取自：https://www.legco.gov.hk/yr17-18/chinese/panels/hs/papers/hs20180716cb2-1864-1-c.pdf。

香港政府一站通（2018 年 11 月）。〈香港醫療體制簡介〉。擷取自：https://www.gov.hk/tc/residents/health/hosp/overview.htm。

基層醫療統籌處（2012 年 6 月）。〈香港基層醫療的發展〉。擷取自 https://www.pco.gov.hk/tc_chi/calendar/files/Overview_of_Primary_Care_Development_02062012.pdf。

（英文）

Department of Health (2013, April). "Primary Health Care in Australia." Australian Governement Department of Health Webpage. Retrieved from: http://www.health.gov.au/internet/publications/publishing.nsf/Content/NPHC-Strategic-Framework~phc-australia.

Department of Health (2018, June). "Fact Sheet: Primary Health Care." Retrieved from: https://www.health.gov.au/internet/main/publishing.nsf/Content/Fact-Sheet-Primary-Health-Care.

Food and Health Bureau (2018, September). "Tender for the Provision of Services to Operate the Kwai Tsing District Health Centre." Retrieved from: https://www.fhb.gov.hk/download/tender/180912_ktdhc/Kwai_Tsing_District_Health_Centre_Tender.pdf.

Government of Canada (2018, February). "Canada's Health Care System." Retrieved from: https://www.canada.ca/en/health-canada/services/health-care-system/reports-publications/health-care-system/canada.html.

Healthdirect (2018a, March). "Allied Health." Retrieved from: https://www.healthdirect.gov.au/allied-health.

Healthdirect (2018b, August). "Primary Health Networks (PHNs)." Retrieved from: https://www.healthdirect.gov.au/primary-health-networks-phns.

Hutchison B., Levesque, J.F., Strumpf E. and Coyle, N. (2011). "Primary Health Care in Canada: Systems in Motion." *The Milbank* Quarterly, 89 (2), pp. 256-288.

Klein, P. (2017). "Qigong in Cancer Care: Theory, Evidence-Base, and Practice." *Medicines*, 4 (1), pii: E2. doi: 10.3390/medicines4010002.

WA Primary Health Alliance (2016, April). "Health Care Home A Model for Primary Health Care." Retrieved from: https://www.wapha.org.au/wp-content/uploads/2016/01/WAPHA-Health-Care-Home.pdf. (Gov doc).

第五章
基層健康護理的願景和挑戰

陳胡安琪
（香港理工大學護理學院副教授及副系主任）

一、引言

在二十一世紀，科技的迅速發展，明顯影響人們的生活方式和生活環境。非傳染疾病如心血管疾病（例如心臟病和中風）、癌症、慢性呼吸道疾病（例如慢性阻塞性肺疾病和哮喘）和糖尿病正變得愈來愈普遍。非傳染疾病是全球引致死亡的主要原因，每年奪去 4,000 萬人的生命，佔總死亡率達 70%（Department of Health, 2018）。世界衛生組織（2013）預計數字會以驚人的速度增加，到 2030 年將達到 5,500 萬人。香港也出現了類似的趨勢。在 2016 年，因非傳染疾病而死亡人數為 25,771 人（佔總死亡率的 55%）（Department of Health, 2018）。治療非傳染疾病的成本非常高，人口老化加上醫療開支上升，使全球醫療系統的財務和人力資源方面持續緊張（Kilpatrick et al., 2014）。世衛組織（2013）預計到 2035 年將短缺 1,290 萬名醫護人員。到 2030 年，香港將短缺超過 1,000 名醫生和 600 名護士（Mak and Chan, 2017）。

情況不容樂觀，故此，世衛組織大力提倡基層醫護服務，期望創造有利的環境，以擴展護士的角色，重新定位醫護模式，協調跨專業服務，提升患者的自我照護能力和照顧者的關顧支持，使患者和照顧者增權。此外，促進科技運用，以助提供持續和以人為本的護理服務，最終減輕專科及住院服務的壓力。本文先闡述世衞組織建議可促進基層健康護理服務的五大策略，探討護士在基層健康護理服務的角色，並討論發展基層健康護理服務的挑戰。

二、基層健康護理的策略

世衞組織（2016）提出在醫護界各級別推行以人為本的綜合醫療服務框架，以應對醫療系統不斷變化的挑戰。該框架包括以下五大策略：

策略一：民眾和社區參與及增權

民眾要對自己的健康需求負責，主要是通過選擇健康行為，故此，提高人們的自我管理能力至關重要。配合國際趨勢，香港的醫護服務目前正擴展至以疾病預防和社區為本的醫護模式（Hospital Authority, 2008, 2009）。非傳染疾病的管理是患者和不同醫療專業人員的協作，重點是在共同決策的基礎上提供指導和支持來培養患者的自我護理能力。護理服務的提供應促進患者與醫護人員建立平等和相互關係。

家庭成員或其他照顧者需獲得足夠的培訓和支援，如同伴支持小組，以提供高質素的護理，同時，要使他們保持心理健康，才可以持續照顧患者。

釋放可提供健康生活環境的能力，使社區增權。醫護界別各個層級都參與及增權，以影響資金的規劃和組織。從而建立一個健康生活的社區。基層醫療將會是確保人人可普及享有醫護服務的關鍵。

策略二：加強治理和問責制

　　各國政府要採取積極措施，以保護和提升人民的福利，並有效地規劃國家衛生政策，制訂策略和計劃，促進以人為本的服務。

　　為加強治理，各層級的利益相關者應積極參與政策制訂、決策和表現評估，以建立共同的醫護服務願景。衛生局或部門必須確保所有利益相關者達成共識。在醫護政策上採取透明和包容的治理方法，能促進有效利用所有可用的資源，以提供連貫和綜合的醫護服務。加強問責最終使服務改善，這亦符合以人為本醫護服務的共同願景。

策略三：醫護模式重新定位

　　非傳染疾病帶來複雜的健康需求，患者對醫護服務的要求亦日益增長，並挑戰醫療系統的傳統取向（Procter et al., 2013）。建基於「解決問題」的生物醫學模型已不足以理解和應對我們對醫護系統的需求（Williams et al., 2011）。隨着人們對預防取向日益重視，社會需要投資於健康促進，並關注整個社區民眾的健康和安康。運用創新模式為醫護服務重新定位，使服務使用者增權及參與。

　　新的定位將建基於現有的最佳證據和準確的健康需求評估，以確保服務能覆蓋醫護服務使用者的整個生命歷程。醫療服務亦要尊重性別和文化偏好。通過有效的服務改革，努力達到基層醫護服務，專科醫護服務，以及住院服務的平衡。資訊和通訊技術將為醫護服務使用者提供更有效的持續照護，此外，它以新方法接觸邊緣化群體，亦會提升普及享有醫療服務的機會。預期會有跨專業合作，通過充足的資金、培訓和合作，確保提供全面的護理。香港正在開發跨專業模式和制訂聯網適用的指引和治理程序（醫院管理局，2015）。

策略四：協調業內和跨專業界別的服務

民眾愈來愈認同以人為本的醫護服務，在非傳染疾病的長期管理中，以人為本的醫護服務強調了協調和持續照護。

協調護理服務是一系列的策略，旨在促進患者與各種醫護人員建立信任的關係，並提供更佳的持續照護，以提升患者的過渡期體驗。這種護理一般的特色是無縫的過渡期護理和全面的個案管理，並配合有效的轉介和反轉介系統。預期這些策略也將建基於患者及其家屬的需求。衛生局或衛生部門應採取強有力的領導舉措，以協調業內及業外不同界別的各種利益相關者，如：社會服務、教育、金融、私營部門、執法機關等，縮減不同層級醫護人員的行政、資訊、資金提供上的差距。

策略五：創造有利環境

醫療機構要促進其文化，有效開發和推行資訊系統，以便持續監測和評估服務，分享決策知識。醫護專業人員應積極參與管理和領導，並加強與本地社區保持持續的夥伴關係。此外，以人為本和綜合醫療系統的規例，亦促進醫護專業人員致力作出改進並保障患者安全。

為醫護專業人員提供充足的支持和資源，例如：明確的角色和期望，給予支持的意見，可持續的工作環境和激勵措施。以人為本的綜合醫療需要各層級利益相關者的參與，推動創新的策略性改革管理。基層醫護服務能夠以持續的方式管理和提供醫護服務。最終，基層醫護服務將會是未來醫護服務模式的關鍵（Kashani et al., 2017）。

三、護士在基層健康服務的角色

護士是醫療行業中最大的勞動力（Dawson et al., 2015），他們在基層醫護服務的貢獻愈來愈獲得認可（Day and Brownie, 2014）。早在 2002 年，世衛組織已經有願景要倡導擴大護士的角色，以提供有成本效益、社區為本的干預措施（World Health Organization, 2002）。與國際趨勢相似，香港醫院管理局（2000）也認同實施各種護士主導計劃是重要的策略，可促進護理的成本效益和質素，並可減輕管理非傳染疾病的負擔和醫生的工作量。

作為傳統護理的替代方案，護士主導、社區為本的干預措施有望可減少對醫生的負擔和需求（Mahomed et al., 2012），並帶來正面的經濟影響，特別是在成本效益方面（Brownie, 2018）。事實上，護士主導，社區為本的干預措施民眾容易接觸得到，也負擔得來，而且能提供有效的護理（Randall et al., 2017）。數篇系統性文獻回顧（例如 Laurent et al., 2005; Sibbald et al., 2004）也顯示干預措施的質素通常可媲美醫生的服務。

為保障人人可享有醫療服務，創新的護士主導計劃結合了資訊和通訊科技，例如護士主導的分流和電話諮詢服務（舉例英國國民健康服務體系 NHS 的電話熱線）可以進一步減低傳統醫療服務的等候時間（de Leeuw and Larsson, 2013）和需求（Richards et al., 2002）。此外，研究證明由護士主導，以電話（Craven et al., 2013; Leahy et al., 2013）或電子郵件（Cicolini et al., 2014）跟進患者的服務也相當重要，它可使患者增權，成為護理夥伴。

可以預期，在不久的將來，護士會分擔許多醫生的工作（Bodenheimer and Bauer, 2016）。現時醫療系統出現的這個新興趨勢不僅代表在提供醫護服務上護士的角色有機會擴展，這也是將傳統醫療模式轉變為以人為本醫護服務的機會（Carryer and Adams, 2017）。重視基層醫護服務，並強調要使患者增權，成為護理夥伴（Bentley et al., 2016）。事實上，有證據顯示護士傾向提供更長時間和頻密的諮詢（Arts et al., 2012），對患者進行更多的調查（Page et al., 2008），也更大機會想起患者個案（Sibbald et al., 2004），而總體上亦有更高的患者參與度（Bentley et al., 2016）。

在提供自我管理的健康教育方面，護士主導的諮詢也很重要（Cheng et al., 2016）。顯然，護士傾向於比醫生提供更多的資訊（Seale et al., 2005），人們也認為護士更懂得溝通（Jakimowicz et al., 2015），比傳統護理有更好的情感功能（Lewis et al., 2009），因此令患者有更高的滿意度（Martínez-González et al., 2014）。在香港，有建議讓患者增權，加強其自我管理能力，這有助提高患者的自我效能（Choi et al., 2015），患者亦因而能減少緊張（Lai et al., 2015）。最終，健康教育不僅是告訴患者該做什麼，而是一個提高知識和技能的過程，使患者的態度和行為改變，更有效地維持健康（Rice et al., 2018）。

護士主導的護理建基於患者的獨特性和多維度的理念（Carrington and Zimmet, 2017），特別切合日益重視整全護理的環境。整全護理會考慮患者個人生活方式、家庭、社區和環境（Page et al., 2008）。事實上，以社區為本的護士主導的護理服務，可按患者的處境，給予疾病自我管理的建議（Rice et al., 2018）。香港進行了一系列社區為本、護士主導的干預措施，發現患者高度重視心理社會支持。干預措施有助患者獲得應對日常生活困難的策略（Twinn, 2001）。這些干預措施亦顯示了良好的護患關係 Gilbert and Hayes（2009）。護士主導的護理，人們對護士有着高度的信任和十分融洽的關係。總而言之，愈來愈多研究證明建基於以人為本的護理模式，由護士主導的醫護服務可更有成效和吸引力，可補充傳統的生物醫學模式。

護理複雜的非傳染疾病，通常要在多個醫護機構進行，並涉及跨專業合作，護理持續性也愈來愈受重視。護士主導的舉措，例如個案管理，其特點是持續跟進及倡導患者關注複雜的轉介系統（Strupp et al., 2018），這正在成為主流的照護模式。在英國，護士主導的跟進受到歡迎，並逐漸替代傳統醫院的跟進，大大減少了門診及診所的工作量（Lewis et al., 2009）。

Maurits 等（2017）的研究顯示不僅患者可以從護士主導計劃中受益，參與的護士對工作也有更高的滿意度。

二十世紀的一個重要里程碑是護士角色擴展，以應對因醫療系統變化所帶來的挑戰（Lewandowski and Adele, 2009）。在世衛組織和其他利益相關者的持續支持和倡議下，在基層醫護服務中，不同的護士主導計劃很可能會繼續興起、發展及擴大（Pulicine et al., 2010）。

四、基層健康護理的挑戰

人們愈來愈認同護士在基層醫護服務的貢獻，但在轉變的醫療系統中仍有許多挑戰尚待解決。複雜的醫療需求持續消耗資源，資源的限制一再被認為是推動護士主導計劃中一個最常見的障礙（Ogbolu et al., 2018）。由於對護士主導計劃（Lawton et al., 2018）果效的理解有限，在分配稀少資源時，決策者往往會猶豫是否應把資源用來維持這些以護士為主導的計劃（Curnew and Lukewich, 2018）。

更糟糕的是，很少研究會評估這些計劃促進患者獲得護理的主張是否能真正實現（Desborough et al., 2012）。基層醫護服務輪候時間過長，對患者、醫療服務提供者和醫療系統都構成了顯著的威脅（Liu et al., 2014）。例如，研究（Amiel et al., 2014；Cowling et al., 2014）指出基層醫護服務的輪候時間長會顯著增加其他醫療服務（如急症室服務）的使用率。求診輪候時間長，會擾亂患者與醫療服務提供者的關係，並打斷醫護服務的連續性，使醫療質素下降（Ulmer and Troxler, 2006）。此外，這可能也會使患者感到煩惱，導致錯過預約率上升（Green and Savin, 2008），造成行政不便、排期困難和經濟損失（Moore et al., 2001）。

事實上，C. Hutchison 等（2011）估計，五分之一的護士主導診所得不到充分支持。由於缺乏足夠的支持，護士承擔了許多行政職責（Dawson et al, 2015），致擴展或改進服務的機會更加困難（Bryant-Lukosius et al., 2004）。

香港亦不例外，Z. C. Chan 等（2013）觀察到香港護士短缺是由於公立醫院的工作量狀況和薪酬均不及私立醫院，導致護士從公立醫院轉到私立醫院工作。Cheung 和 Yip（2015）的研究指出那些留在公立醫院的護士，由於工作量日益複雜和繁重，壓力和抑鬱程度相當驚人。儘管以人為本模式的建議愈來愈受重視，但工作量繁重加上缺乏可持續發展的環境，卻矛盾地使護士採取任務為本的取向（Leahy et al., 2013）。護士以任務為導向，使護理服務不能令人滿意，在基層醫護環境，護士持續面對道德上的挑戰（Gjerberg et al., 2010），只有很少的支持機制，幫助他們面對這些道德困境（Lillemoen and Pedersen, 2013）。此外，缺乏時間照護每位患者，加上工作量大也可能導致醫療失誤（Khalil and Lee, 2018）。

世界衛生組織的策略是促進有利的環境，發展基層醫護服務（世界衛生組織，2016），提供足夠的資源使這些服務可持續發展是實際和重要的，這對於護士的時間和護理患者的承諾也有直接影響，特別是在實施階段（Chan D. S. et al., 2014）。因此，護士的管理和行政階層應該開始將注意力轉向通過適當的評估來說服各利益相關者（Chan R.J. et al., 2018）。

高等教育機構的關注開始從醫院培訓轉到社區為本護理（Josiah Macy JR Foundation, 2016），教育課程的指引確保護士有能力在基層醫護服務中發揮新的作用至關重要，特別是作為患者的教育者，指導長期健康管理方法（Shiu et al., 2012）。例如，護士先驅經常發現自己需要相應的教育課程來促進進一步發展（Bodenheimer and Bauer, 2016）。實際上，大多數教育課程未能跟上這種範式轉變的步伐（Parker et al., 2010），教學內容亦主要建基於傳統醫學模式（Farrell et al., 2017）。顯然，許多護士在實踐中仍然採用生物醫學模式（Farrell et al., 2017），他們時常認為僅提供資訊就足以作出共同決策。

但社會學習理論（Bandura, 1986）指出健康行為是患者認知過程的互動，讓患者增權，而不是僅僅告訴他們該做什麼。一個轉移技能和知識的過程，能促進態度上的改變，達到維持長期健康的成效。當中需考慮到整全護理的需要及生物 — 心理 — 社會的角度，如果沒有對患者作整體考慮，這些取向往往不能對健康產生積極影響（Keleher and MacDougall, 2011），其過程的特點是按患者的價值觀和偏好作出共同決定。

長期以來，護理教育工作者試圖將所有內容放進課程中（Rich and Nugent, 2010）；同時，基層醫護教育一直建基於傳統護理的課程內容（Bodenheimer and Bauer, 2016）。身為醫護教育者，我們有必要批判地反思目前的課程，應把以人為本的基層醫護服務實踐作為焦點，以確保畢業生具備預期的知識、技能和態度。

與此同時，醫護需求不斷增長亦帶來挑戰，促使我們尋找新的方法提供基層醫護服務，如運用 mHealth 的遠程和自我護理科技。這些技術可連接臨床醫生或其他醫護專業人員，以支援患者及使患者增權。例如，資訊和通訊科技提供了新方法來推廣自我護理的資訊或回答與健康有關的問題，有助患者獲得護理（Davies and Newman, 2010）。遠程醫療技術特別適用於有社會關顧需求的慢性病患者，可運用技術來鼓勵及監測他們的狀況（例如 Cicolini et al., 2014）。此外，基層醫護團隊共享電子醫療記錄有助減低患者在各種醫療環境中接受分散的護理服務（Green et al., 2013）。

儘管這些技術很有前景，但仍有準確度、私隱或安全問題，我們要謹慎地應用這些技術。例如 O'Mahony 等（2014）的研究指出對資訊安全的擔憂，認為這是採用新科技的障礙。護理教育應加入充分指引，以指導護士在基層醫療中運用科技（Munyewende et al., 2014），相應的教育亦可以提高使用新科技的效率（van Houwelingen et al., 2016）。

患者在很多方面是他們自己的主要照顧者，因此在採取護士主導社區為本的取向時，應建立相關的溝通技巧，以培養共同決策的文化（Beaglehole et al., 2008）。這些技巧應涵蓋患者的照顧者，以運用非正式的照顧網絡來促進患者的健康。最終，課程應與護理轉變的價值一致，通過結合更多生物 — 心理 — 社會因素，努力實現生物醫學與人類和社會科學的平衡，在護士主導的計劃中，提供以人為本的護理（McCormack et al., 2015）。

醫護服務的範式轉變，複雜的醫護需求，促使在多種環境中提供服務。對護士角色有各種不同的演繹，導致對護士角色的理解不足，這亦持續成為主要的障礙，影響護士充分發揮潛力（McInnes et al., 2015；Oelke et al., 2014）。此外，在一些國家，特別是美國，護士並非全部獲允許可獨立於醫生工作，這限制了他們補償基層醫護服務人手短缺的能力（Cassady, 2013）。此外，對基層醫護服務中的護士角色理解不足，使人誤認為它缺乏職業發展，也加劇人手短缺的問題（Wheeler and Govan, 2016）。例如 Van Iersel 等（2016）的研究探討了護理學生對荷蘭社區護理的看法，也顯示基層醫護服務不被視為一個有吸引力的護理實踐領域。在香港，護士主導計劃的發展也出現了類似的趨勢（Chan D.S. et al., 2014）。在處理護士主導護理的挑戰時，Christiansen 等（2013）觀察到醫護行業對實踐角色的接受程度是主要障礙，影響它進一步的發展。此外，與傳統醫護服務相比，許多患者往往不清楚護士的擴大角色（Halcomb et al., 2013; Witt and Almeida, 2008），香港的情況也是如此（Christiansen et al., 2013）。

反過來，這也會使護士和其他醫護專業人員之間出現緊張關係（Farrell et al., 2017）。例如，萬一發生醫療錯誤，現欠缺明確指引界定誰負有法律責任，這會引起醫療團隊之間的互信問題（Khalil and Lee, 2018）。Farrell 等（2017）還觀察到在護士主導診所工作的護士缺乏自主權，Street and Cossman（2010）也觀察到改變現有的官僚衛生系統的阻力。此外，McInnes 等的評論（2015）指出對護士實踐範圍、階級結構、領域分界、醫療法律責任的混淆，加上溝通上的困難，是在基層醫護服務工作的障礙，這些會在工作場所產生階級限制。最近一項質性研究也證實了這一點。該研究發現在基層醫護服務環境工作的護士無法獲得相同的資源，例如無法好像提供同樣護理的醫生般得到醫療助理的幫助（Poghosyan et al., 2013）。在一項研究由護士主導的過渡性護理服務，該服務旨在減少香港慢性心臟衰竭患者的入院 / 再入院率，Yu 等（2015）發現在跨專業團隊中，護士想獲取其他資源會面對挑戰（向跨專業團隊獲取建議），這防礙了他們發揮工作的潛力。

　　有時，護士表示感到孤立和缺乏基礎設施以支持他們在基層醫護服務環境的角色（Guest et al., 2001; Christiansen et al., 2013），這阻礙了他們在醫療領域的整合和跨專業合作（Oelke et al., 2014）。在各種的醫療環境中，不同醫療組織之間缺乏合作，上述的挑戰亦因而進一步惡化（Hutchison B and Glazier, 2013）。最終，護理服務分散並阻礙以人為本的醫護服務的提供（Schoen et al., 2011）。

　　另外，Wong S.Y. 等（2010）亦觀察到香港的社會服務和基層醫護服務孤立地運作，服務相互競爭而且重複。在基層醫護服務的提供，Woo 等（2013）還觀察到兩個主要政府服務提供者 —— 醫院管理局和衞生署之間缺乏協調。

五、結語

　　筆者身為護理教育工作者，深信有效的基層醫護教育必須要反映基層醫療的哲學理念（Emerson, 2004）。我們應持續反思基層醫護教育，推動課程發展，使傳統生物醫學護理成功轉變為以人為本的基層醫護服務（Mastro et al., 2014）。

　　我們應繼續努力探索醫護專業人員與不同醫療機構的合作模式（Hutchison B. and Glazier, 2013），並加強護士學生在團隊間工作的能力（Keleher et l., 2010）。臨床學習應建基於夥伴關係，以促進跨專業護理模式（Oelke et al., 2014）。此外，社區為本的學習活動對促進基層醫護服務亦十分重要（Ndateba et al., 2015）。

　　機構制訂更清晰的政策相當重要，有助減少在護士主導的計劃中護士的角色混淆（Norful et al., 2017）。有必要制訂明確的護士標準角色及經各方同意的程序，以處理求診諮詢、處方和出院的過程，這樣資深護士才能夠有效地推動護士主導的服務（Halcomb et al., 2013）。

管理層亦要給予充足的支持。Wong F. K.Y. 等（2016）發現，在醫療／心臟團隊和醫院管理層支持下，在研究地點推行明確的轉介指引，可以減少過渡性護理期間的住院時間。整體來説，識別技能，提供與教育和經驗相稱的報酬，以及明確界定職業發展途徑，包括提供職業發展和晉升機會，是吸引護士入職，使他們有志於基層醫護服務的必要條件（Bloomfield et al., 2017）。大眾媒體或有助公眾了解護士主導計劃的新發展（Shiu et al., 2012）。

正如 Drucker（2004）所説，「預測未來的最佳方式是創造未來」。（頁243）管理層要建立有效的護理領導力，積極鼓勵護士和其他醫護專業人員參與規劃和推動措施實行。醫護專業人員之間還需要建立一種相互尊重的關係，彼此明白對方的角色（Dawson et al., 2015）。

護理實踐的自主權是影響護士在基層醫療效率的主要因素（Poghosyan et al., 2013）。在各種跨專業的護理模式中，護士要持續接觸其他團隊專家，以便進行轉介或諮詢，要加強與其他醫療專業團體和監管機構的合作，以確保有更多合資格的醫護專業人員有能力進深實踐（Coburn et al., 2018），機構的激勵措施亦可促進基層醫護服務提供者的合作（Rittenhouse et al., 2009）。

最後我們必須建立標準化的評估框架。例如，英國國家臨床醫療研究所（The National Institute for Clinical Excellence）（2006, 2008）制定了有關如何建立和審核服務的指南，以優化英國的醫護服務質素。在衛生委員會中建立程序，以發展和審查護士主導的癌症診所計劃亦相當重要，可確保這些護士主導的計劃能達到臨床管治的要求（Hutchison et al., 2011）。此外，與學術部門和專業機構合作進行研究，評估護士主導診所亦十分重要（Hutchison et al., 2011）。護士也應積極參與（Brewster et al., 2014），進行成本效益分析，提供資料以支持研發可促進患者獲得醫護服務的新科技（Goldzweiget al., 2009）。

參考資料

Amiel, C., Williams, B., Ramzan, F., Islam, S., Ladbrooke, T., Majeed, A. and Gnani, S. (2014). "Reasons for Attending an Urban Urgent Care Centre with Minor Illness: A Questionnaire Study." *Emergency Medical Journal,* 31, No. e1, pp. 1-5.

Arts, E. E., Landewe-Cleuren, S. A., Schapper, N. C. and Vrijhoef, H. J. (2012). "The Cost-effectiveness of Substituting Physicians with Diabetes Nurse Specialists: A Randomized Controlled Trial with 2-year Follow-up." *Journal of Advanced Nursing,* 68, No. 6, pp. 1224-1234.

Bandura, A. (1986). *Social Foundations of Thought and Action.* Englewood Cliffs, NJ: Prentice-Hall, Inc.

Beaglehole, R., Epping-Jordan, J., Patel, V., Chopra, M., Ebrahim, S., Kidd, M. and Haines, A. (2008). "Improving the Prevention and Management of Chronic Disease in Low-income and Middle-income Countries: A priority for Primary Health Care." *The Lancet,* 9642, pp. 940-949.

Bentley, M., Stirling, C., Robinson, A. and Minstrell, M. (2016). "The Nurse Practitioner-client Therapeutic Encounter: An Integrative Review of Interaction in Aged and Primary Care Settings." *Journal of Advanced Nursing,* 9, pp. 1991-2002.

Bloomfield, J. G., Aggar, C., Thomas, T. H. T. and Gordon, C. J. (2017). "Factors Associated with Final Year Nursing Students' Desire to Work in the Primary Health Care Setting: Findings From a National Cross-sectional Survey." *Nurse Education Today*, pp. 9-14.

Bodenheimer, T. and Bauer, L. (2016). "Rethinking the Primary Care Workforce - An Expanded Role for Nurses." *New England Journal of Medicine*, 11, pp. 1015-1017.

Brewster, L., Mountain, G., Wessels, B., Kelly, C. and Hawley, M. (2014). "Factors Affecting Front Line Staff Acceptance of Telehealth Technologies: A Mixed-method Systematic Review." *Journal of Advanced Nursing*, 1, pp. 21-33.

Brownie, S. M. (2018). "Editorial: The Economic Impact of Nursing." *Journal of Clinical Nursing*, pp. 1-2.

Bryant-Lukosius, D., DiCenso, A., Browne, G. and Pinelli, J. (2004). "Advanced Practice Nursing Roles: Development, Implementation and Evaluation." *Journal of Advanced Nursing*, 5, pp. 519-529.

Carrington, M. J. and Zimmet, P. (2017). "Nurse Health and Lifestyle Modification Versus Standard Care in 40 to 70 Year Old Regional Adults: Study Protocol of the Management to Optimise Diabetes and mEtabolic Syndrome Risk Reduction via Nurse-led Intervention (MODERN) Randomized Controlled Trial." *BMC Health Services Research,* 17, No. 1, pp. 813.

Carryer, J. and Adams, S. (2017). "Nurse Practitioners as a Solution to Transformative and Sustainable Health Services in Primary Health Care: A Qualitative Exploratory Study." *Collegian*, 6, pp. 525-531.

Cassady, A. (2006). "Nurse Practitioners and Primary Care." Retrieved from: http://healthaffairs.org/healthpolicybriefs/brief_pdfs/healthpolicybrief_92. pdf.

Chan, D. S., Lee, D. T., Chair, S. Y., Fung, S. Y., Chan, E. L. and Chan, C. W. (2014). "A Qualitative Study on the Roles and Responsibilities of Nurse Consultants in Hong Kong." *International Journal of Nursing Practice*, 5, pp. 475-481.

Chan, R. J., Marx, W., Bradford, N., Gordon, L., Bonner, A., Douglas, C., Schmalkuche, D. and Yates, P. (2018). "Clinical and Economic Outcomes of Nurse-led Services in the Ambulatory Care Setting: A Systematic Review." *International Journal of Nursing Studies*, pp. 61-80.

Chan, Z. C., Tam, W., Lung, M. K., Wong, W. and Chau, C. (2013). "On Nurses Moving from Public to Private Hospitals in Hong Kong." *Journal of Clinical Nursing*, 9-10, pp. 1382-1390.

Cheng, H. Y., Chair, S. Y., Wang, Q., Sit, J. W. H., Wong, E. M. L. and Tang, S. W. (2016). "Effects of a Nurse-led Heart Failure Clinic on Hospital Readmission and Mortality in Hong Kong." *Journal of Geriatric Cardiology*, 5, pp. 415-419.

Cheung, T. and Yip, P. S. F. (2015). "Depression, Anxiety and Symptoms of Stress Among Hong Kong Nurses: A Cross-sectional Study." *International Journal of Environmental Research and Public Health*, 9, pp. 11072-11100.

Choi, E. P., Chin, W. Y., Lam, C. L., Wan, E. Y., Chan, A. K. and Chan, K. H. (2015). "Evaluation of the Effectiveness of Nurse-led Continence Care Treatments for Chinese Primary Care Patients with Lower Urinary Tract Symptoms." *PLoS One*, 6, e0129875.

Christiansen, A., Vernon, V. and Jinks, A. (2013). "Perceptions of the Benefits and Challenges of the Role of Advanced Practice Nurses in Nurse-led Out-of-hours Care in Hong Kong: A Questionnaire Study." *Journal of Clinical Nursing*, 7-8, pp. 1173-1181.

Cicolini, G., Simonetti, V., Comparcini, D., Celiberti, I., Di Nicola, M., Capasso, L. M., Flacco, M. E., Bucci, M., Mezzetti, A. and Manzoli, L. (2014). "Efficacy of a Nurse-led Email Reminder Program for Cardiovascular Prevention Risk Reduction in Hypertensive Patients: A Randomized Controlled Trial." *International Journal of Nursing Studies*, 6, pp. 833-843.

Coburn, C. V., Gilland, D., Amar, A. and Owen, M. (2018). "Ambulatory Care Education: Preparing Nurses for the Future of Healthcare." *Nurse Education Today*, 66, pp. 79-81.

Cowling, T. E., Harris, M. J., Watt, H. C., Gibbons, D. C. and Majeed, A. (2014). "Access to General Practice and Visits to Accident and Emergency Departments in England: Cross-sectional Analysis of a National Patient Survey." *British Journal of General Practice*, 64, No. 624, pp. e434-e439.

Craven, O., Hughes, C. A., Burton, A., Saunders, M. P. and Molassiotis, A. (2013). "Is a Nurse-led Telephone Tntervention a Viable Alternative to Nurse-led Home Care and Standard Care for Patients Receiving Oral Capecitabine? Results from a Large Prospective Audit in Patients with Colorectal Cancer." *European Journal of Cancer Care*, 3, pp. 413-419.

Curnew, D. R. and Lukewich, J. (2018). "Nursing within Primary Care Settings in Atlantic Canada: A Scoping Review." *SAGE Open*, pp. 1-17.

Davies, A. and Newman, S. (2011). "Evaluating Telecare and Telehealth Interventions." *WSDAN Briefing Paper*. Retrieved from: http://www.kingsfund.org.uk/sites/files/kf/Evaluating-telecare-telehealth-interventions-Feb2011.pdf.

Dawson, A. J., Nkowane, A. M. and Whelan, A. (2015). "Approaches to Improving the Contribution of the Nursing and Midwifery Workforce to Increasing Universal Access to Primary Health Care for Vulnerable Populations: A Systematic Review." *Human Resources for Health*, 1, p. 37.

Day, G. E. and Brownie, S. "Rising to the Challenge: Nursing Leadership via Nurse-led Service Provision for Chronic Disease Management and Prevention." *Nursing and Health*, 2 (2014), pp. 30-34.

de Leeuw, J. and Larsson, M. (2013). "Nurse-led Follow-up Care for Cancer Patients: What is Known and What is Needed." *Supportive Care in Cancer*, 9, pp. 2643-2649.

Department of Health (2018). *Towards 2025: Strategy and Action Plan to Prevent and Control Non-communicable Diseases in Hong Kong*. Hong Kong: Department of Health.

Desborough, J., Forrest, L. and Parker, R. (2012). Nurse-led Primary Healthcare Walk-in Centres: An Integrative Literature Review." *Journal of Advanced Nursing*, 2, pp. 248-263.

Drucker, P. (2004). *The Daily Drucker: 366 Days of Insight and Motivation for Getting the Right Things Done*. New York, NY: HarperCollins.

Emerson, T. (2004). "Preparing Placement Supervisors for Primary Care: An Interprofessional Perspective from the UK." *Journal of Interprofessional Care*, 18, No. 2, pp. 165-182.

Farrell, C., Walshe, C. and Molassiotis, A. (2017). "Are Nurse-led Chemotherapy Clinics Really Nurse-led? An Ethnographic Study." *International Journal of Nursing Studies*, pp. 1-8.

Giddens, J. and Brady, D. (2007). "Rescuing Nursing Education from Content Saturation: The Case for a Concept-based Curriculum." *Journal of Nursing Education*, 2, pp. 65-69.

Gilbert, D. A. and Hayes, E. (2009). "Communication and Outcomes of Visits between Older Patients and Nurse Practitioners." *Nursing Research*, 58, No.4, pp. 283-293.

Gjerberg, E., Førde, R., Pedersen, R. and Bollig, G. (2010). "Ethical Challenges in the Provision of End-of-Life Care in Norwegian Nursing Homes." *Social Science & Medicine*, 4, pp. 677-684.

Goldzweig, C. L., Towfigh, A., Maglione, M. and Shekelle, P. G. (2009). "Costs and Benefits of Health Information Technology: New Trends from the Literature." *Health Affairs*, 2, pp. 1-17.

Green, L. V. and Savin, S. (2009). "Reducing Delays for Medical Appointments: A Queueing Approach." *Operations Research*, 6, pp. 1526-1538.

Green, L. V., Savin, S. and Lu, Y. (2013). "Primary Care Physician Shortages Could be Eliminated Through Use of Teams, Nonphysicians, and Electronic Communication." *Health Affairs*, 1, pp. 11-19.

Guest, D., Peccei, R., Rosenthal, P., Montgomery, J., Redfern, S., Young, C., Wilson-Barnett, J., Dewe, P., Evans, A. and Oakley, P. (2001). *Preliminary Evaluation of the Establishment of Nurse, Midwife and Health Visitor Consultants: Report to the Department of Health*. London: University of London, Kings College.

Halcomb, E. J., Peters, K. and Davies, D. (2013). "A Qualitative Evaluation of New Zealand Consumers' Perceptions of General Practice Nurses." *BMC Family Practice*, 1, p. 26.

Hospital Authority (2000). *Implementation of Nurse Clinic*. Hong Kong: Hospital Authority.

Hospital Authority (2006). "Clinical Services Plan for the New Territories East Cluster." Retrieved from: http://www3.ha.org.hk/ntec/pdf/clinical%20 services%20plan.pdf.

Hospital Authority (2008). *Hospital Authority Annual Plan 2008-2009*. Hong Kong: Hospital Authority.

Hospital Authority (2009). *Helping People Stay Healthy – Strategic Service Plan 2009-2012*. Hong Kong: Hospital Authority.

Hutchison, B. and Glazier, R. (2013). "Ontario's Primary Care Reforms Have Transformed the Local Care Lanscape, But a Plan is Needed for Ongoing Improvement." *Health Affairs*, 4, pp. 695-703.

Hutchison, C., Simpson, M. F., Pace, L., Campbell, S., White, S. and Lennon, K. (2011). "Overview of Nurse-led Clinics and Their Scope of Practice." *Cancer Nursing Practice*, 9, pp. 29-35.

Iglehart, J. K. (2013). "Expanding the Role of Advanced Nurse Practitioners - Risks and Rewards." *The New England Journal of Medicine*, 20, pp. 1935-1941.

Jakimowicz, S., Stirling, C. and Duddle, M. (2015). "An Investigation of Factors That Impact Patients' Subjective Experience of Nurse-led Clinics: A Qualitative Systematic Review." *Journal of Clinical Nursing*, 24, No.1-2, pp. 1-2, 19-33.

Josiah Macy JR. Foundation (2016). *Preparing Nursing Leaders: 2016 Annual Report*. New York.

Kashani, F., Babaee, S., Bahrami, M. and Valiani, M. (2012). "The Effects of Relaxation on Reducing Depression, Anxiety and Stress in Women Who Underwent Mastectomy for Breast Cancer." *Iranian Journal of Nursing and Midwifery Research*, 1, pp. 30-33.

Keleher, H. and MacDougall, C. (2011). *Understanding Health*. Melbourne: Oxford University Press.

Keleher, H., Parker, R. and Francis, K. (2010). "Preparing Nurses for Primary Health Care Futures: How Well do Australian Nursing Courses Perform?" *Australian Journal of Primary Health*, 16, No. 3, pp. 211-216.

Khalil, H. and Lee, S. (2018). "Medication Safety Challenges in Primary Care: Nurses' Perspective." *Journal of Clinical Nursing*, 9-10, pp. 2072-2082.

Kilpatrick, K., Kaasalainen, S., Donald, F., Reid, K., Carter, N., Bryant-Lukosius, D., Martin-Misener, R., Harbman, P., Marshall, D. A., Charbonneau-Smith, R. and DiCenso, A. (2014). "The Effectiveness and Cost-effectiveness of Clinical Nurse Specialists in Outpatient Roles: A Systematic Review." *Journal of Evaluation in Clinical Practice*, 20, No. 6, pp. 1106-1123.

Lai, X., Wong, F. K. Y., Leung, C. W. Y., Lee, L. H., Wong, J. S. Y., Lo, Y. F. and Ching, S. S. Y. (2015). "Development and Assessment of the Feasibility of a Nurse-led Care Program for Cancer Patients in a Chemotherapy Day Center: Results of the Pilot Study." *Cancer Nursing*, 5, pp. E1-E12.

Laurant, M., Reeves, D., Hermans, R., Braspenning, J., Grol, R. and Sibbald, B. (2005). "Substitution of Doctors by Nurses in Primary Care." *Cochrane Collect*, CD001271.

Lawton, K., Royals, K., Carson-Chahhoud, K. V. and Campbell, F. and Smith, B. J. (2018). "Nurse-led Versus Doctor-led Care for Bronchiectasis." *Cochrane Database of Systematic Reviews*, 6, No. CD004359.

Leahy, M., Krishnasamy, M., Herschtal, A., Bressel, M., Dryden, T., Tai, K. H. and Foroudi, F. (2013). "Satisfaction with Nurse-led Telephone Follow up for Low to Intermediate Risk Prostate Cancer Patients Treated with Radical Radiotherapy. A Comparative Study." *European Journal of Oncology Nursing*, 2, pp. 162-169.

Lewandowski, W. and Adamle, K. (2009). "Substantive Areas of Clinical Nurse Specialist Practice – A Comprehensive Review of the Literature." *Clinical Nurse Specialist*, 23, No.2, pp. 73-90.

Lewis, R., Neal, R. D., Williams, N. H., France, B., Wilkinson, C., Hendry, M., Russell, D., Russell, I., Hughes, D. A., Stuart, N. S. and Weller, D. (2009). "Nurse-led vs. Conventional Physician-led Follow-up for Patients with Cancer: Systematic Review." *Journal of Advanced Nursing*, 4, pp. 706-723.

Lillemoen, L. and Pedersen, R. (2013). "Ethical Challenges and How to Develop Ethics Support in Primary Health Care." *Nursing Ethics*, 1, pp. 96-108.

Liu, N., Finkelstein, S. R. and Poghosyan, L. (2014). "A New Model for Nurse Practitioner Utilization in Primary Care: Increased Efficiency and Implications." *Health Care Management Review*, 1, pp. 10-20.

Mahomed, R., St. John, W. and Patterson, E. (2012). "Understanding the Process of Patient Satisfaction with Nurse-led Chronic Disease Management in General Practice." *Journal of Advanced Nursing*, 11, pp. 2538-2549.

Mak, H. A. and Chan, S. (2017). "LCQ17: Manpower of Healthcare Professionals." Retrieved from: https://www.info.gov.hk/gia/general/201707/12/P2017071200517.htm.

Martínez-González, N. A., Djalali, S., Tandjung, R., Huber-Geismann, F., Markun, S., Wensing, M. and Rosemann, T. (2014). "Substitution of Physicians by Nurses in Primary Care: A Systematic Review and Meta-analysis." *BMC Health Services Research*, 1.

Mastro, K. A., Flynn, L. and Preuster, C. (2014). "Patient- and Family-centered Care: A Call to Action for New Knowledge and Innovation." *The Journal of Nursing Administration*, 9, pp. 446-451.

Maurits, E. E., de Veer, A. J., Groenewegen, P. P. and Francke, A. L. (2017). "Home Care Nursing Staff in Self-directed Teams are More Satisfied with Their Job and Feel They Have More Autonomy over Patient Care: A Nationwide Survey." *Journal of Advanced Nursing*, 73, No. 10, pp. 2430-2440.

McCormack, B., Borg, M., Cardiff, S., Dewing, J., Jacobs, G., Janes, N., Karlsson, B., McCance, T., Mekki, T. E., van Porock, D., Lieshout, F. and Wilson, V. (2015). "Person-centredness – The 'State' of the Art." *International Practice Development Journal*, 5, No. Suppl. 1, pp. 1-15.

McInnes, S., Peters, K., Bonney, A. and Halcomb, E. (2015). "An Integrative Review of Facilitators and Barriers Influencing Collaboration and Teamwork between General Practitioners and Nurses Working in General Practice." *Journal of Advanced Nursing*, 71, No.9, pp. 1973-1985.

Mok, E. and Chiu, P. C. (2004). "Nurse-patient Relationships in Palliative Care." *Journal of Advanced Nursing*, 5, pp. 475-483.

Moore, C. G., Wilson-Witherspoon, P. and Probst, J. C. (2001). "Time and Money: Effects of No-shows at a Family Practice Residency Clinic." *Family Medicine*, 7, pp. 522-527.

Munyewende, P. O., Rispel, L. C. and Chirwa, T. (2014). "Positive Practice Environments Influence Job Satisfaction of Primary Health Care Clinic Nursing Managers in Two South African Provinces." *Human Resources for Health*, 1, pp. 14-14.

National Institute for Clinical Excellence (2006). *NICE Clinical Guideline No. 40: Audit Criteria Urinary Incontinence in Women*. London: Commissioning guide.

National Institute for Clinical Excellence (2008). *Urinary Continence Service for the Conservative Management of Urinary Incontinence in Women*. London: Commissioning guide.

Ndateba, I., Mtshali, F. and Mthembu, S.Z. (2015). "Promotion of a Primary Healthcare Philosophy in a Community-based Nursing Education Programme from the Students' Perspective." *African Journal of Health Professions Education*, 2, p. 190.

Norful, A., Martsolf, G., de Jacq, K. and Poghosyan, L. (2017). "Utilization of Registered Nurses in Primary Care Teams: A Systematic Review." *International Journal of Nursing Studies*, 74, pp. 15-23.

Oelke, N. D., Besner, J. and Carter, R. S. (2014). "The Evolving Role of Nurses in Primary Care Medical Settings." *International Journal of Nursing Practice*, 6, pp. 629-635.

Ogbolu, Y., Scrandis, D. A. and Fitzpatrick, G. (2018). "Barriers and Facilitators of Care for Diverse Patients: Nurse Leader Perspectives and Nurse Manager Implications." *Journal of Nursing Management*, 26, No. 1, pp. 3-10.

O'Mahony, D., Wright, G., Yogeswaran, P. and Govere, F. (2014). "Knowledge and Attitudes of Nurses in Community Health Centres About Electronic Medical Records." *Curationis*, 1, pp. 1-6.

Page, D., Grant, G. and Maybury, C. (2008). "Introducing Nurse Prescribing in a Memory Clinic: Service User and Family Carer Experiences." *Dementia*, 7, No. 1, pp. 139-160.

Parker, R., Walker, L. and Hegarty, K. (2010). "Primary Care Nursing Workforce in Australia: A vision for the future." *Australian Family Physician*, 3, pp. 15.

Poghosyan, L., Nannini, A. and Clarke, S. (2013). "Organizational Climate in Primary Care Settings: Implications for Nurse Practitioner Practice." *Journal of the American Academy of Nurse Practitioners*, 25, No. 3, pp. 134-140.

Poghosyan, L., Nannini, A., Stone, P. W. and Smaldone, A. (2013). "Nurse Practitioner Organizational Climate in Primary Care Settings: Implications for Professional Practice." *Journal of Professional Nursing*, 6, pp. 338-349.

Procter, S., Wilson, P. M., Brooks, F. and Kendall, S. (2013). "Success and Failure in Integrated Models of Nursing for Long Term Conditions: Multiple Case Studies of Whole Systems." *International Journal of Nursing Studies*, 5, pp. 632-643.

Pulcini, J., Jelic, M., Gul, R. and Loke, A. Y. (2010). "An International Survey on Advanced Practice Nursing Education, Practice, and Regulation." *Journal of Nursing Scholarship*, 1, pp. 31-39.

Randall, S., Crawford, T., Currie, J., River, J. and Betihavas, V. (2017). "Impact of Community Based Nurse-led Clinics on Patient Outcomes, Patient Satisfaction, Patient Access and Cost Effectiveness: A Systematic Review." *International Journal of Nursing Studies*, 73, pp. 24-33.

Rice, H., Say, R. and Betihavas, V. (2018). "The Effect of Nurse-led Education on Hospitalisation, Readmission, Quality of Life and Cost in Adults with Heart Failure. A Systematic Review." *Patient Education and Counseling*, 3, pp. 363-374.

Rich, K. L. and Nugent, K. E. (2010). "A United States Perspective on the Challenges in Nursing Education." *Nurse Education Today*, 3, pp. 228-232.

Richards, D. A., Meakins, J., Godfrey, L., Tawfik, J. and Dutton, E. (2004). "Survey of the Impact of Nurse Telephone Triage on General Practitioner Activity." *British Journal of General Practice*, 500, pp. 207-210.

Rittenhouse, D. R., Shortell, S. M. and Fisher, E. S. (2009). "Primary Care and Accountable Care – Two Essential Elements of Delivery-system Reform." *New England Journal of Medicine*, 24, pp. 2301-2303.

Rreece, S. M., Mawn, B. and Scollin, P. (2003). "Evaluation of Faculty Transition into a Community-based Curriculum." *Journal of Nursing Education*, 42, No.1, pp. 43-47.

Schoen, C., Osborn, R., Squires, D., Doty, M., Pierson, R. and Applebaum, S. (2011). "New 2011 Survey of Patients with Complex Care Needs in Eleven Countries Finds That Care is Often Poorly Coordinated." *Health Affairs*, 30, No. 12, pp. 2437-2448.

Seale, C., Anderson, E. and Kinnersley, P. (2005). "Comparison of GP and Nurse Practitioner Consultations: An Observational Study." *British Journal of General Practice*, 521, pp. 938-943.

She, Y. Z., Hou, X. N. and Liu, J. F. (2009). "Primary Health Care Nursing Education in Dalian." *Macau Journal of Nursing*, 8, No. 1, pp. 31-32.

Shiu, A. T., Lee, D. T. and Chau, J. P. (2012). "Exploring the Scope of Expanding Advanced Nursing Practice in Nurse-led Clinics: A Multiple-case Study." *Journal of Advanced Nursing*, 8, pp. 1780-1792.

Sibbald, B., Shen, J. and McBride, A. (2004). "Changing the Skill-mix of the Health Care Workforce." *Journal of Health Services Research & Policy*, 1, pp. 28-38.

Smith, J. S. and Crawford, L. (2004). *Report of Findings from the 2003 Employers Survey: Research Brief.* Chicago.

Street, D. and Cossman, J. S. (2010). "Does Familiarity Breed Respect? Physician Attitudes Toward Nurse Practitioners in a Medically Underserved State." *Journal of the American Academy of Nurse Practitioners*, 22, No. 8, pp. 431-439.

Strupp, J., Dose, C., Kuhn, U., Galushko, M., Duesterdiek, A., Ernstmann, N., Pfaff, H., Ostgathe, C., Voltz, R. and Golla, H. (2018). "Analysing the Impact of a Case Management Model on the Specialised Palliative Care Multi-professional Team." *Supportive Care in Cancer*, 2, pp. 673-679.

Twinn, S. (2001). "Developments in Nursing Practice in Primary Health Care in Hong Kong: Opportunities and Challenges." *Journal of Clinical Nursing*, 3, pp. 345-351.

Ulmer, T. and Troxler, C. (2006). *The Economic Cost of Missed Appointments and the Open Access System*. Gainesville, FL: University of Florida Area Health Education Centers Program.

van Houwelingen, C. T., Moerman, A. H., Ettema, R. G., Kort, H. S. and Ten Cate, Olle. (2016). "Competencies Required for Nursing Telehealth Ativities: A Delphi-study." *Nurse Education Today*, 39, pp. 50-62.

van Iersel, M., Latour, C. H., De Vos, R., Kirschner, P. A. and op Reimer, W. J. S. (2016). "Nursing Students' Perceptions of Community Care and Other Areas of Nursing Practice – A review of the literature." *International Journal of Nursing Studies*, 61, pp. 1-19.

Wheeler, E. and Govan, L. (2016). "Re-engineering Primary Healthcare Nursing As a First Career Choice." *Primary / Community Healthcare FOCUS*, 2, p. 31.

Williams, S. J., Martin, P. and Gabe, J. (2011). "The Pharmaceuticalisation of Society? A Framework for Analysis." *Sociology of Health & Illness*, 5, pp. 710-725.

Witt, R. R. and Almeida, M. C. P. D. (2008). "Identification of Nurses' Competencies in Primary Health Care Through a Delphi Study in Southern Brazil." *Public Health Nursing*, 4, pp. 336-343.

Wong, F. K. Y., Ng, A. Y. M., Lee, P. H., Lam, P. T., Ng, J. S. C., Ng, N. H. Y. and Sham, M. M. K. (2016). "Effects of a Transitional Palliative Care Model on Patients with End-stage Heart Failure: A Randomised Controlled Trial." *Heart*, 14, pp. 1100-1108.

Wong, S. Y., Kung, K., Griffiths, S. M., Carthy, T., Wong, M. C., Lo, S. V., Chung, V. C. H., Goggins, W. B. and Starfield, B. (2010). "Comparison of Primary Care Experiences Among Adults in General Outpatient Clinics and Private General Practice Clinics in Hong Kong." *BMC Public Health*, 397, pp. 1-11.

Woo, J., Mak, B. and Yeung, F. (2013). "Age-friendly Primary Health Care: An Assessment of Current Service Provision for Older Adults in Hong Kong." *Health Services Insights*, 6, pp. 69-77.

World Health Organization (2002). *Nursing and Midwifery Services: Strategic Directions 2002-2008*. Geneva, Switzerland.

World Health Organization (2006a). *Framework on Integrated People-centred Health Services.*" Retrieved from: https://www.who.int/servicedeliverysafety/areas/people-centred-care/Overview_IPCHS_final.pdf?ua=1.

World Health Organization (2006b). "Global Health Workforce Shortage to Reach 12.9 Million in Coming Decades." Retrieved from: https://www.who.int/mediacentre/news/releases/2013/health-workforce-shortage/en/.

Yu, D. S., Lee, D. T., Stewart, S., Thompson, D. R., Choi, K. C. and Yu, C. M. (2015). "Effect of Nurse-implemented Transitional Care for Chinese Individuals with Chronic Heart Failure in Hong Kong: A Randomized Controlled Trial." *Journal of the American Geriatrics Society*, 8, pp. 1583-1593.

第六章
物理治療在基層醫療服務中
處理中風的角色

彭耀宗

（香港理工大學康復治療科學系教授）

一、物理治療在基層醫療服務中的角色與 功能

在地區康健中心提供的基層醫療服務模式中，疾病預防分為第一層、第二層和第三層。在討論物理治療師在基層醫療服務中所扮演的角色之前，我們必須清楚了解物理治療是什麼，以及物理治療師在臨床工作中所擔當的角色。

什麼是物理治療？根據香港《輔助醫療業條例》，物理治療師的定義為「受訓以治療用運動、人手治療及以機械能、熱能或電能就身體殘疾予以評估與醫治的人」（Hong Kong e-Legislation Cap. 359 Supplementary Medical Professions Ordinance）。世界物理治療聯盟（World Confederation for Physical Therapy, WCPT）對物理治療師角色的描述更為詳細，且更切合現代的臨床實踐（World Confederation for Physical Therapy, 2017）。世界物理治療聯盟是一個由全球 120 個成員地區組成，代表全球 45 萬多位物理治療師的非牟利組織。在聯盟所發表的《關於物理治療描述的政策聲明》文件中，物理治療被定義為「向個人和人群在他們的整個生命周期中提供的服務，

以發展、維持、恢復和提升受治者因為受傷、疼痛、疾病、失調或環境因素影響而受損的運動功能和活動能力」（World Confederation for Physical Therapy, 2017）。該文件還指出，「物理治療師所關心的是所有關於健康的領域，包含促進、預防、治療／干預和康復的各階段，最大限度地提高受治者的活動潛力和生活質量。」（World Confederation for Physical Therapy, 2017）

傳統觀念認為，物理治療師只在醫院和復康機構工作。事實上，物理治療師可在各種機構工作，例如受治者的家居、運動比賽場、教育及研究中心、臨終關懷院、護理院、醫療門診、康復中心、院舍、特殊學校、長者中心及體育中心／會所。

公眾對物理治療持有的另一個誤解是，物理治療師只服務於受疾病及殘疾影響的人士。然而，上文關於世界物理治療聯盟對物理治療師的描述清楚地闡釋了物理治療師在促進健康和預防疾病方面的重要角色。在以促進健康和預防疾病為關鍵前提的基層醫療服務環境中，物理治療無疑應在地區康健中心中發揮關鍵作用。

關於物理治療師的專業資格，世界物理治療聯盟的政策聲明強調，物理治療師必須具備以下的能力（World Confederation for Physical Therapy. 2017）：

- 全面檢查／測試患者／客戶，或確定客戶群的需要
- 評估檢查／測試結果，對患者／客戶做出臨床判斷
- 制訂診斷、預後方案和計劃
- 在他們的專業範圍內提供諮詢，並確定何時需要將患者／客戶轉介給其他專業人士
- 實施物理治療師干預／治療計劃
- 確定任何干預／治療的結果
- 為患者／客戶自我管理提出建議

　　這裏有幾點需要強調。首先，評估客戶和確定客戶群體的需要屬於物理治療師的專業知識範圍。這符合基層醫療的基本理念，即評估和篩查個人的疾病風險因素是一項主要任務。第二，物理治療師有資格在其專業範圍內提供諮詢服務，並決定客戶何時需要轉介其他專業人士。這意味着物理治療師應有資格作為患者首次接觸的健康專業人士。根據評估結果，物理治療師應該能夠確定，除了物理治療之外，客戶可能還需要接受其他健康專業人士的服務。第三，物理治療師有資格為自我管理提出建議。地區康健中心所針對的六種疾病都是慢性的疾病（即中風、心臟病、肌肉骨骼疾病、糖尿病、超重／肥胖、高血壓），自我管理是整個管理計劃的重要組成部分。物理治療師具備足夠的能力，就所有六種目標病症的自我管理，提供專業意見。

　　本章將重點介紹物理治療師在基層醫療服務中的第一層、第二層和第三層預防中風工作中的作用。

二、第一層預防：強身健體、健康生活

　　「中風」又稱為「腦血管意外」，是由於腦部血管「阻塞」或「爆裂」，令腦組織不能得到充分的養料和氧氣，受影響的神經細胞因而壞死，產生各種神經症狀（Centre for Health Protection, 2017a）。僅 2017 年，香港公立和私立醫院就有超過 2.5 萬宗因中風住院或死亡病例（Department of Health, 2019）。在香港，中風是本地第四大死因。中風也是成人致殘的主要原因（Centre for Health Protection, 2017b）。在中風後六個月，中風患者在家務（60.9%）、食物準備（52.2%）、購物（80.4%）和公共交通使用（65.2%）方面失去獨立性，需要他人照顧幫助（Rouillard et al., 2012）。約 29% 的中風倖存者為嚴重殘疾，需要照顧者的幫助才能滿足基本生活需求（Rouillard et al., 2012）。

年齡增長是中風的主要危險因素之一（Feigin et al., 2009）。三分之二的中風病例發生在 65 歲以後（Census & Statistics Department, 2005）。而根據香港政府統計處預計，65 歲及以上長者的比例，推算將由 2016 年的 17% 增加至 2036 年的 31%（Census & Statistics Department, 2005）。因此，在可預見的未來，本地中風病例數量將持續增加。

顯然，中風對公眾健康構成了重大威脅。因此，中風的第一層預防至關重要。第一層預防是指加強保護因素，盡量減少與中風有關的風險因素，並對這些風險因素進行監測。中風的風險因素很多，大部分是可以改變的，包括吸菸、缺乏運動、心肺功能偏低、心血管疾病（如心肌梗死、高血壓）、糖尿病和肥胖（Centre for Health Protection, 2017a）。但是適當的運動訓練，可以減少這些風險因素；久坐不動的生活方式會導致心肺功能下降。心肺功能不佳使日常活動的表現更加費力，從而可能導致其他功能下降，進一步降低身體活動水平。此外，低心肺功能與各種心血管疾病和中風的風險及中風死亡率增加有關（Guedes&Guedes, 2001; Lakka et al., 2001; Lee & Blair, 2002; Rogers et al., 1987）。因此打破因缺乏運動而導致中風高危因素的惡性循環尤為重要。

定期運動已被證明對中風的一些風險因素，如高血壓、血脂異常、糖尿病、肥胖、過度飲酒和吸菸有正面的影響（Hu et al., 2000; Lee et al., 1999; Lee et al., 2003; Pearson et al., 2002; Thompson et al., 2003; Williams et al., 2002）。此外，運動可增加高密度脂蛋白膽固醇（HDL-C），改善血液循環和冠狀動脈的健康及功能（Hambrecht et al., 2000）。在不同的運動模式中，定期的帶氧運動對提高心血管健康水平和降低中風風險尤為重要。在第一層預防中風方面，物理治療師應在健康生活方式的教育方面發揮重要作用，特別是與定期運動有關的範疇，向公眾宣傳有關運動方式、強度、持續時間、頻率、進展和自我監控的信息和知識。物理治療師作為運動方面的專家，應是向市民提供這類教育的主要專業人員。

三、第二層預防：篩查高危、盡早干預

第二層預防的重點是篩選和確定具有中風高風險或短暫性腦缺血（Transient Ischemic Attack, TIA）的人群，然後實施早期干預。值得注意的是，許多風險因素與心血管功能有關。事實上，75% 的中風者都患有心血管疾病（Roth et al., 1993）；其中，高血壓最為常見，患病率超過 60%。冠狀動脈疾病也很常見，超過 30% 的中風者同時患有冠狀動脈疾病（Gresham et al., 1975; Roth et al., 1993）。心肺健康也是影響中風風險的重要因素（Prestgaard et al., 2018）。在最近的一項研究中（Prestgaard et al., 2018），參與者被劃分為保持健康、變得不健康、保持不健康或變得健康的組別，這樣的劃分取決於實驗調查開始到七年的跟進調查中，受訪者心肺健康狀態是保持還是上升或下降超過了中值。與不健康組相比，保持不健康組的中風風險為 0.85，健康組為 0.43，變得健康組為 0.34。此外，在調查開始時心肺健康程度較高的人群中，變得不健康組中風的風險是保持健康組的兩倍多。在開始調查時心肺健康水平較低的人群中，變得健康組的中風風險顯著低於保持不健康組（風險比：0.4）。這些研究結果表明，心肺功能不健康的人中風的風險相對較高。此外，七年內心肺健康狀況下降與中風風險增加有關，而心肺健康狀況改善與風險降低有關。這也表明，能夠增加心肺健康的運動如帶氧運動，應受積極宣傳作為一項預防中風的策略（Prestgaard et al., 2018）。

缺乏運動是中風的一大風險。研究證據還表明，高運動量的人比低運動量的人中風或死亡的風險低 27%。與不運動的人相比，中度運動的人中風或死亡的風險也低 20%。此外，中度和高度活躍的人士比低活躍的人士有更低的缺血性和出血性中風的風險（Lee et al., 2003）。然而，在現代社會，缺乏運動是很常見的。香港大部分人士都採取是久坐不動的生活方式。衛生署衛生防護中心在 2016 年 4 月所進行的行為風險因素調查顯示，超過一半（55.4%）的 18 至 64 歲的受訪者在過去一周沒有每日進行任何至少十分鐘劇烈強度的體能活動，亦有 43.1% 的受訪者在被訪前七日，沒有每日進行最少十分鐘中等強度的體能活動（Centre for Health Protection, 2016）。

通過適當的運動干預，可以改變上述與中風有關的風險因素。物理治療師可以在中風的第二層預防方面發揮重要作用。雖然體力活動水平可通過問卷估計，但心肺健康可由物理治療師通過適當的運動測試評估。一旦確定為高危人士，物理治療師便可制訂適合個人需要的運動計劃，從而減低中風的風險。

四、第三層預防：減低衝擊、防止併發症、惡化、復發

在第三層預防中，預防目標是減低中風倖存者復發性中風、心血管疾病和其他繼發性併發症。中風倖存者的復發性中風和併發性心血管疾病是其主要的健康問題。復發性中風的年風險為 4% 至

10%（Hardie et al., 2004; Weimar et al., 2010），累積風險在十年內為 43%（Hardie et al., 2004）。在另一項研究中，有短暫性腦缺血和非致殘性中風經歷的患者，其首年中風風險為 4.8%，中風或心血管疾病年死亡風險為 6.6%（Hardie et al., 2003）。眾所周知，心血管疾病是最常見的死亡因素（Hardie et al., 2003）。在這些死亡案例中，17% 是由於復發性中風，37% 是心血管疾病（Weimar et al., 2010）。缺血性中風後的首十年，死於心血管疾病的患者，多於因初次或復發性中風去世的患者人數（Hardie eta l., 2003）。

　　不幸的是，99% 的中風倖存者至少有一個缺乏良好控制的風險因素（Kopunek et al., 2007）。80% 中風者有高血壓或高血壓前期；67% 超重或肥胖；60% 低密度脂蛋白過高；45% 空腹血糖超標；34% 高密度脂蛋白過低。令人擔憂的是，91% 有兩個或以上同時存在的風險因素，且沒有得到充分的治療（Kopunek et al., 2007）。

　　另一個主要問題是中風倖存者久坐不動的生活方式的和較差的心肺健康狀況（English et al., 2013; Field et al., 2013; Smith et al., 2012）。根據研究結果，慢性中風者平均每天走 2,837 步，遠低於採取久坐不動的生活方式的老年人每天走 5,000 至 6,000 步的平均水平（Michael et al., 2005）。當使用計步器測量亞急性腦卒中風者出院前後的活動強度和變化時，研究者發現每天活動的絕對時長約為三至四小時，其中，大部分的活動都是短時間和低強度的（Manns et al., 2009）。在中風倖存者中，最大攝氧量（心肺健康的指標）低於年齡和性別匹配人群參考值的 50% 或以下的情況也很常見（English et al., 2014）。心肺功能不佳對中風倖存者的步行耐力和其他方面的功能有重要影響（Patterson et al., 2007）。

　　運動對中風者管理風險因素的益處已得到充分證實。研究表明，對有嚴重顱內動脈粥樣硬化性狹窄（Intracranial Atherosclerotic

Stenosis）的短暫性缺血性發作或中風人士，每周至少四次中等強度的體育鍛煉或每周至少三次的劇烈運動，分別都可降低三年內 40% 的中風、心肌梗塞或因血管病導致死亡的風險（Turan et al., 2017）。系統回顧和分析評估了針對短暫缺血性發作或中風後任何時間的運動訓練效果的隨機對照試驗；分析結果顯示，受試者的血壓、空腹血糖、空腹胰島素和高密度肝固醇含量均有顯著改善（D'Isabella et al., 2017）。有充分的證據也表明，帶氧運動可以顯著提高中風倖存者的峰值攝氧量和步行耐力（Pang et al., 2013）。

中風後的另一個主要併發症是跌倒和脆性骨折。與參照人群相比，中風者跌倒的風險要高得多。在住院期間，跌倒比率為 15.5% 至 39%。其中 8% 至 24% 的跌倒導致輕傷，1.2% 至 4% 導致包括死亡在內的嚴重傷害（Czernuszenko&Czlonkowska, 2009; Davenport et al., 1996; Nyberg & Gustafson et al., 1995; Rabadi et al., 2008; Teasell et al., 2002）。在社區居住的中風患者中，跌倒的比率亦非常高。不同的研究報告顯示，跌倒比率從 40% 到 73% 不等。此外，15% 的跌倒者報告受傷，1.2% 至 4% 遭受嚴重傷害，包括骨折和死亡（Andersson et al., 2006; Belgen et al., 2006; Divani et al., 2009; Forster et al., 1995; Harris et al.l, 2005）。

繼發性骨質疏鬆症，尤其是在中風患側肢體，是中風後的另一常見併發症。有研究報告顯示在中風發作後的第一年，股骨近端骨密度下降了 12.0%（Ramnemark et al., 1999）。患側上肢的骨質流失更為嚴重。因中風而致嚴重肢體癱瘓的病人，在中風後一年內骨密度可降低 25% 以上（Jorgensen & Jacobsen, 2001）。跌倒風險增加和骨骼健康受損的共同作用，會增加中風後脆性骨折的風險（Melton III et al., 2001; Ramnemark et al., 2003; Wei et al., 2000）。中風住院治療後，骨折風險在短期和長期都有所增加。與參考人群相比，中風出院後的第一年，骨折的風險增加了七倍以上（Kanis et al., 2001）。在中風八年後，髖部骨折的額外風險與年齡匹配者相比仍然高出 23%（Kanis et al., 2003）。中風後脆性骨折可能會給患者本人、家屬和社會帶來嚴重的後果（Cooper, 1997）。研究發現，有中風病史的髖部骨折患者與沒有中風病史的髖部骨折患者相比，前者恢復獨立活動狀態的能力較低（Ramnemark et al., 2003）。在骨折前可獨立活動的髖部骨折患者中，69% 無中風史的患者骨折治癒後可以獨立活動，而僅有 38% 有中風史的患者出院時可以恢復獨立活動狀態（Ramnemark et al., 2003）。中風也與髖部骨折後過長的住院周期有關。與沒有任何神經系統疾病的患者相比，同時患有神經系統疾病（包括中風）的髖部骨折患者住院時間明顯更長（平均 3.8 天）（Di Monaco et al., 2003）。就骨折在社會層面的影響而言，與中風後骨折治療相關的成本可給醫療系統帶來巨大的財政負擔（Braithwaite et al., 2003）。

物理治療師在中風者第三層預防中也發揮重要作用（Billinger et al., 2014; Kernan et al., 2014）。首先，為了降低復發性中風和心血管事件的風險，適當的帶氧運動是非常重要的。美國心臟協會 / 美國中風協會（AHA/ASA）最新的中風預防指南建議「每周至少進行三至四次中等至高強度的帶氧運動」。其中每次運動時長約為 40 分鐘，且中等強度的運動被定義為足以流汗或顯著提高心率（例如快走、運動單車），而高強度運動包括慢跑等活動（Billinger et al., 2014）。此外，美國心臟協會 / 美國中風協會在 2014 年的聲明中建議，訓練心率應設定為至少比缺血心電圖或心絞痛閾值的每分鐘低十次（Billinger et al., 2014）。物理治療師，作為合資格的專業人士，會根據每個人的健康狀況，制訂及推行適當的有氧運動計劃，並監察運動安全。

其次，為降低中風者跌倒率，物理治療師非常有資格進行關於跌倒風險的多因素評估（包括平衡、肌肉力量、感覺功能、步態、家居環境等）。運動訓練包括肌肉增強、平衡和身體協調運動以及負重訓練，這些訓練對改善跌倒相關的危險因素（如平衡受損、肌肉無力）和改善骨骼健康至關重要（Pang et al., 2005; Pang et al., 2006）。最近，一項結合認知和平衡運動的雙重任務鍛鍊計劃已經被證明可以分別降低 25% 和 22% 的跌倒發生率和因跌倒導致身體受傷的頻率（Pang et al., 2018）。物理治療師作為運動治療方面的專家，是最適合為中風康復者進行跌倒風險管理及改善骨骼健康訓練的專業人士。

五、結語

綜上所述，物理治療師在促進公眾的健康和福祉方面擔當重要角色。本文也重點概述了體能活動和鍛煉對普通大眾預防中風的作用。對於有高風險中風或短暫性腦缺血發作的人士來說，物理治療師的及時干預對於降低中風的風險是非常關鍵的。對於中風者來說，物理治療對於降低復發性中風、心血管疾病和其他併發症（如跌倒和脆性骨折）的風險是不可或缺。在香港，中風是一個令人擔憂的公共健康問題。提高中風的第一層、第二層和第三層的預防，應是衛生保健系統優先處理的事項之一。物理治療師作為運動科學和治療方面的專家，應將在社區基層醫療服務中關於中風的預防和管理方面發揮重要作用。

參考資料

Andersson A.G., Kamwendo, K., Seiger, A., et al. (2006). "How to Identify Potential Fallers in a Stroke Unit: Validity Indexes of Four Test Methods." *J Rehabil Med*, 38, pp. 186-191.

Belgen, B., Beninato, M., Sullivan, P.E., et al. (2006). "The Association of Balance Capacity and Falls Self-efficacy with History of Falling in Community-dwelling People with Chronic Stroke." *Arch Phys Med Rehabil*, 87, pp. 554-561.

Billinger, S.A., Arena, R., Bernhardt, J., et al. (2014). "Physical Activity and Exercise Recommendations for Stroke Survivors: A Statement for Healthcare Professionals from the American Heart Association/American Stroke Association." *Stroke*, 45, pp. 2532–2553.

Braithwaite, R.S., Col, N.F., Wong, J. (2003). "Estimating Hip Fracture Morbidity, Mortality and Costs." *J Am Geriatr Soc*, 51, pp. 364-370.

Census and Statistics Department. The Government of the Hong Kong Special Administrative Region (2005). Retrieved from: https://www.censtatd.gov.hk/hkstat/sub/sp190_tc.jsp?productCode=FA100061.

Centre for Health Protection (2017a). Retrieved from: https://www.chp.gov.hk/tc/static/90076.html.

Centre for Health Protection (2017b). Retrieved from: https://www.chp.gov.hk/en/statistics/data/10/27/117.html.

Centre for Health Protection (2016). Retrieved from: https://www.chp.gov.hk/files/pdf/brfa_report_april_2016_chi.pdf.

Cooper, C. (1997). "The Crippling Consequences of Fractures and Their Impact on Quality of Life." *Am J Med*, 103, pp. 12S-17S.

Czernuszenko, A. and Czlonkowska, A. (2009). "Risk Factors for Falls in Stroke Patients During Inpatient Rehabilitation." *Clini Rehabil*, 23, pp. 176-188.

D'Isabella, N.T., Shkredova, D.A., Richardson, J.A., et al. (2017). "Effects of Exercise on Cardiovascular Risk Factors Following Stroke or Transient Ischemic Attack: A Systematic Review and Meta-analysis." *Clin Rehabil*, 31, pp. 1561-1572.

Davenport, R.J., Dennis, M.S., Wellwood, I., et al. (1996). "Complications after Acute Stroke." *Stroke*, 27, pp. 415-420.

Department of Health, The Government of Hong Kong Special Administrative Region (2019). Retrieved from: https://www.healthyhk.gov.hk/phisweb/zh/healthy_facts/disease_burden/major_causes_death/cere_diseases/.

Di Monaco, M., Vallero, F., Di Monaco, R., Mautino, F., Cavanna, A. (2003). "Functional Recovery and Length of Stay after Hip Fracture in Patients with Neurologic Impairment." *Am J Phys Med Rehabil*, 82, pp. 143-148.

Divani, A.A., Vazquez, G., Barrett, A., et al. (2009). "Risk Factors Associated with Injury Attributable to Falling Among Elderly Population with History of Stroke." *Stroke*, 40, pp. 3286-3292.

English, C., Manns, P.J., Tucak, C., et al. (2014). "Physical Activity and Sedentary Behaviors in People with Stroke Living in the Community: A Systematic Review." *Phys Ther*, 94, pp. 185-196.

Feigin, V.L., Lawes, C.M., Bennett, D.A., Barker-Collo, S.L., Parag, V. (2009). "Worldwide Stroke Incidence and Early Case Fatality Reported in 56 Population-based Studies: A Systematic Review." *Lancet Neurol*, 8, pp. 355-369.

Field, M.J., Gebruers, N., Shanmuga Sundaram, T., et al. (2013). "Physical Activity after Stroke: A Systematic Review and Meta-Analysis." *ISRN Stroke*. Article ID 464176, 13 pages, https://doi.org/10.1155/2013/464176.

Forster, A., Young, J. (1995). "Incidence and Consequences of Falls due to Stroke: A Systematic Inquiry." *BMJ*, 311, pp. 83-86.

Gresham, G.E., Fitzpatrick, T.E., Wolf, P.A., McNamara, P.M., Kannel, W.B., Dawber, T.R. (1975). "Residual Disability in Survivors of Stroke – The Framingham Study." *N Eng J Med*, 293, pp. 954-956.

Guedes, D.P., Guedes, J.E. (2001). "Physical Activity, Cardiorespiratory Fitness, Dietary Content, and Risk Factors That Cause a Predisposition Towards Cardiovascular Disease." *Arq Bras Cardiol*, 77, pp. 243-257.

Hambrecht, R., Wolf, A., Gielen, S., et al. (2000). "Effect of Exercise on Coronary Endothelial Function in Patients with Coronary Artery Disease." *N Engl J Med Overseas Ed*, 342, pp. 454-460.

Hardie, K., Hankey, G.J., Jamrozik, K., Broadhurst, R.J., Anderson, C. (2003). "Ten-year Survival After First-ever Stroke in the Perth Community Stroke Study." *Stroke, 34,* pp. 1842-1846.

Hardie, K., Hankey, G.J., Jamrozik, K., et al. (2004). "Ten-year Risk of First Recurrent Stroke and Disability After First-ever Stroke in the Perth Community Stroke Study." *Stroke*, 35, pp. 731-735.

Harris, J.E., Eng, J.J., Marigold, D.S., et al. (2005) "Relationship of Balance and Mobility to Fall Incidence in People with Chronic Stroke." *Phys Ther*, 85, pp. 50-158.

Hong Kong e-Legislation Cap. 359 Supplementary Medical Professions Ordinance. Retrieved from: https://www.elegislation.gov.hk/hk/cap359!en@2014-03-03T00:00:00.

Hu, F.B., Stampfer, M.J., Colditz, G.A., et al. (2000). "Physical Activity and Risk of Stroke in Women." *JAMA*, 283, p. 2961.

Jørgensen, L., Jacobsen, B.K. (2001). "Functional Status of the Paretic Arm Affects the Loss of Bone Mineral in the Proximal Humerus After Stroke: A 1-year Prospective Study." *Calcif Tissue Int*, 68, pp. 11-15.

Kanis, J., Oden, A., Johnell, O. (2001). "Acute and Long-term Increase in Fracture Risk After Hospitalization for Stroke." *Stroke*, 32, pp. 702-706.

Kernan, W.N., Ovbiagele, B., Black, H.R., et al. (2014). "Guidelines for the Prevention of Stroke in Patients with Stroke and Transient Ischemic Attack: A Guideline for Healthcare Professionals from the American Heart Association/American Stroke Association." *Stroke*, 45, pp. 2160-2236.

Kopunek, S.P., Michael, K.M., Shaughnessy, M., et al. (2007). "Cardiovascular Risk in Survivors of Stroke." *Am J Prev Med*, 32, pp. 408-412.

Lakka, T.A., Laukkanen, J., Rauramaa, R., et al. (2001). "Cardiorespiratory Fitness and the Progression of Carotid Atherosclerosis in Middle-aged Men." *Ann Intern Med*, 134, pp. 12-20.

Lee, C.D., Blair, S.N. (2002). "Cardiorespiratory Fitness and Stroke Mortality in Men." *Med Sci Sports Exerc*, 34, pp. 592-595.

Lee, C.D., Folsom, A.R., Blair SN. (2003). "Physical Activity and Stroke Risk: A Meta-analysis." *Stroke*, 34, pp. 2475-2481.

Lee, I.M., Hennekens, C.H., Berger, K., et al. (1999). "Exercise and Risk of Stroke in Male Physicians." *Stroke*, 30, pp. 1-6.

Manns, P.J., Baldwin, E. (2009). "Ambulatory Activity of Stroke Survivors: Measurement Options for Dose, Intensity, and Variability of Activity." *Stroke*, 40, pp. 864-867.

Melton, III L.J., Brown, Jr R.D., Achenbach, S.J., O'Fallon, W.M., WHisnant, J.P. (2001). "Long-term Fracture risk Following Ischemic Stroke: A Population Based Study." *Osteoporos Int*, 12, pp. 980-986.

Michael, K.M., Allen J.K., Macko, R.F. (2005). "Reduced Ambulatory Activity After Stroke: The Role of Balance, Gait, and Cardiovascular Fitness." *Arch Phys Med Rehabil*, 86, pp. 1552-1556.

Nyberg, L., Gustafson, Y. (1995). "Patient Falls in Stroke Rehabilitation. A Challenge to Rehabilitation Strategies." *Stroke*, 26, pp. 838-842.

Pang, M.Y.C., Ashe, M.A., Eng, J.J., McKay, H.A., Dawson, A.S. (2006). "A 19-week Exercise Program for People with Chronic Stroke Enhances Bone Geometry at the Tibia: A pQCT Study." *Osteoporos Int*, 17, pp. 1615-1625.

Pang, M.Y.C., Charlesworth, S., Lau, R.W.K., Chung, R.C.K. (2013). "Using Aerobic Exercise to Improve Health Outcomes and Quality of Life in Stroke: Evidence-based Exercise Prescription Recommendations." *Cerebrovasc Dis*, 35, pp. 7-22.

Pang, M.Y.C., Eng, J.J., Dawson, A.S., McKay, H.A., Harris, J.E. (2005). "A Community-based Fitness and Mobility Exercise Program for Older Adults with Chronic Stroke: A Randomized Controlled Trial." *J Am Geriatr Soc*, 53, pp. 1667-1674.

Pang, M.Y.C., Yang. L., Ouyang. H., Lam. F.M.H., Huang. M., Jehu D.A. (2018). "Dual-task Exercise Reduces Cognitive-motor Interference in Walking and Falls After Stroke." *Stroke*, 49, pp. 2990-2998.

Patterson, S.L., Forrester, L.W., Rodgers, M.M., et al. (2007). "Determinants of Walking Function After Stroke: Differences by Deficit Severity." *Arch Phys Med Rehabil*, 88, pp. 115-119.

Pearson, T.A., Blair, S.N., Daniels, S.R., et al. (2002). "AHA Guidelines for Primary Prevention of Cardiovascular Disease and Stroke: 2002 Update: Consensus Panel Guide to Comprehensive Risk Reduction for Adult Patients Without Coronary or Other Atherosclerotic Vascular Diseases. American Heart Association Science Advisory and Coordinating Committee," *Circulation*, 106, pp. 388–391.

Prestgaard, E., Mariampillai, J., Engeseth, K., Erikssen, J., Bodegård, J., Liestøl, K,. Gjesdal, K., Kjeldsen, S., Grundvold, I., Berge, E. (2018). "Change in Cardiorespiratory Fitness and Risk of Stroke and Death." *Stroke*, Dec 10:STROKEAHA118021798.

Rabadi, M.H., Rabadi, F.M., Peterson, M. (2008). "An Analysis of Falls Occurring in Patients with Stroke on an Acute Rehabilitation Unit." *Rehabil Nurs*, 33, pp. 104-109.

Ramnemark, A., Nilsson, M., Borssén, B., Gustafson, Y. (2000). "Stroke, a Major and Increasing Risk Factor for Femoral Neck Fracture." *Stroke*, 31, pp. 1572-1577.

Ramnemark, A., Nyberg, L., Lorentzon, R., Englund, U., Gustafson, Y. (1999) "Progressive Hemiosteoporosis on the Paretic Side and Increased Bone Mineral Density in the Nonparetic Arm the First Year After Severe Stroke." *Osteoporos Int*, 9, pp. 269-275.

Rogers, M.A., Yamamoto, C., Hagberg, J.M., et al. (1987). "The Effects of 7 Years of Intense Exercise Training on Patients with Coronary Artery Disease." *J Am Coll Cardiol.* 10, pp. 321-326.

Roth, E.J. (1993). "Heart Disease in Patients with Stroke: Incidence, Impact and Implications for Rehabilitation Part I: Classification and Prevalence." *Arch Phys Med Rehabil*, 74, pp. 752-760.

Rouillard, S., De Weerdt, W., De Wit, L., Jelsma, J. (2012). "Functioning at 6 months Post Stroke Following Discharge from Inpatient Rehabilitation." *S Afr Med J*, 102, pp. 545-548.

Smith, A.C., Saunders, D.H., Mead, G. (2012). "Cardiorespiratory Fitness After Stroke: A Systematic Review." *Int J Stroke*, 7, pp. 499-510.

Teasell, R., McRae, M., Foley, N., Bhardwaj, A. (2002). "The Incidence and Consequences of Falls in Stroke Patients During Inpatient Rehabilitation: Factors Associated with High Risk." *Arch Phys Med Rehabil*, 83, pp. 329-333.

Thompson, P.D., Buchner, D., Pina, I.L., et al. (2003). "Exercise and Physical Activity in the Prevention and Treatment of Atherosclerotic Cardiovascular Disease: A Statement from the Council on Clinical Cardiology (Subcommittee on Exercise, Rehabilitation, and Prevention) and the Council on Nutrition, Physical Activity, and Metabolism (Subcommittee on Physical Activity)." *Circulationa*, 107, pp. 3109-3116.

Turan, T.N., Nizam, A, Lynn, M.J., et al. (2017). "Relationship Between Risk Factor Control and Vascular Events in the SAMMPRIS Trial." *Neurology*, 88, pp. 379-385.

Wei, T.S., Hu, C.H., Wang, S.H., Hwang, K.L. (2000). "Fall Characterisitcs, Functional Mobility and Bone Mineral Density as Risk Factors of Hip Fracture in the Community-dwelling Anbulatory Elderly." *Osteoporos Int*, 12, pp. 1050-1055.

Weimar, C., Benemann, J., Michalski, D., et al. (2010). "Prediction of Recurrent Stroke and Vascular Death in Patients with Transient Ischemic Attack or Nondisabling Stroke." *Stroke*, 41, pp. 487-493.

Williams, M.A., Fleg. J.L., Ades, P.A., et al. (2002). "Secondary Prevention of Coronary Heart Disease in the Elderly (with Emphasis on Patients > or =75 Years of Age): An American Heart Association Scientific Statement from the Council on Clinical Cardiology Subcommittee on Exercise, Cardiac Rehabilitation, and Prevention." *Circulation*, 105, pp. 1735-1743.

World Confederation for Physical Therapy (2017). Policy Statement: Description of Physical Therapy. London, UK: WCPT. Retrieved from: https://www.wcpt.org/policy/ps-descriptionPT.

第七章

放射診斷在基層醫療服務的角色

胡永祥

（香港理工大學醫療科技及資訊學系
副教授及副系主任）

一、放射診斷

今天一般人對放射診斷相信已都有一定的認識。這是醫療系統中一個不可或缺的部分。「放射診斷」也稱為「醫療影像」，它是利用不同的方法，包括使用輻射及非輻射的射線，如X光、電腦掃描、磁力共振、超聲波、核醫學、乳房造影等為病人或接受檢查者拍攝醫療影像，從而讓醫生作出診斷。

1. X光（X-Ray）

X光是使用波長 0.1 至 0.5nm（能量 60 至 120 kV）的電離射線穿過人體而產生的影像，是一般最常用的放射診斷方法。X光主要是來探測骨骼的病變，但對於探測軟組織的病變也有一定的作用。常見的例子有胸部X光，用來診斷肺部疾病，如肺炎、肺癌或肺氣腫等。而乳房造影（mammography）也是使用特別的X光儀器專門拍攝乳房的影像，偵測乳房的病變。

2. 電腦掃描（Computed Tomography）

電腦掃描又稱為電腦斷層掃描（CT），是利用圍繞病人高速旋轉的X光穿過病人身體所產生一系列的斷層影像。電腦掃描提供的醫療影像比一般X光精密詳細，掃描的速度很快，其數據也可以用來建立三維（立體）的影像，是十分可靠的放射診斷方法。

3. 磁力共振（Magnetic Resonance Imaging）

磁力共振（MRI）是利用強力磁場及無線電波穿過病人身體產生的訊號，經接收後由電腦處理，精確地顯現出身體內不同組織的斷層影像。雖然磁力共振掃描時間比較長，費用亦比較高，但它的優點是沒有輻射，並能提供比電腦掃描更仔細的有關軟組織解像度的影像，對檢查腦部、腹腔及盆腔尤為重要。

4. 超聲波（Ultrasonography）

超音波檢查是利用超高頻率的聲波穿過人體，藉不同組織對聲波的反射程度不同，收集這些反射波後，經由電腦的精密計算，產生出體內組織的影像。雖然聲波不能穿透骨骼或空氣，但它對於身體軟組織的檢查十分有用。常見的應用身體部位有腹部包括孕婦胎兒、乳房、心臟等。此外，近年多普勒超聲波技術（Doppler）已廣泛被應用於血管檢查上，而三維超聲波更可以詳細顯示各身體器官的立體情況。由於超音波檢查比較方便及安全，現時的使用已是十分普遍。

5. 正電子掃描（Positron Emission Tomography）

正電子掃描（PET）是較先進的放射診斷方法，屬於核醫學的一個範疇。病人先接受放射性物質如 FDG－去氧葡萄糖的注射，此物質會積聚在人體病變組織中並發出輻射的訊號。這些訊號經接收後由電腦處理，可以精確地將身體有病變的位置顯示出來。正電子掃描的敏感度很高，比一般的醫療影像能更早察覺病變，對偵測癌症擴散的情形特別有效。

通過合適的放射診斷方法確診患者的情況後，醫生便可以對症下藥，提供最適切的治療方案。因為這樣，它滲透在醫療界各個主要專科上面，如骨科、腫瘤科、胸肺科，以至腸胃科、泌尿科及婦產科等。這篇文章的焦點是放射診斷在基層醫療服務方面所扮演的角色，根據衛生署的定義，基層醫療是整個醫療系統的第一個層次，也是市民在醫護過程中的首個接觸點，而放射診斷在這方面的應用也是十分重要。

二、放射診斷在基層醫療服務的範疇

放射診斷在基層醫療服務主要有三個應用的範疇，分別是：（1）一般診斷，（2）身體健康檢查及（3）癌病普查。

1. 一般診斷

一般的醫療常識，若連續咳嗽一個多月仍未能痊癒，就會考慮接受胸部 X 光來檢查是否有肺部的疾病，如肺結核或肺癌等；又或是運動員在運動時不慎身體或手腳受傷，也需要接受醫學影像的檢查，去評估是否有骨折或其他器官的創傷。放射診斷在這裏所發揮的重要地方是協助患者盡快找出病況，讓醫生作出適切的治療。有時或會遇到一些較嚴重的病症，就需要轉介到專科跟進。現時香港每一個急症室都設有 X 光檢查室，有些更有電腦掃描設備，以最短的時間為病人作出診斷及急救，拯救生命。

此外，當社區有傳染病爆發，胸部 X 光也是最有效及最方便檢查肺部感染的方法，並可用來跟進肺炎病入的治療效果。還記得 2003 年非典型肺炎（沙士）爆發時期，每日照肺的人數大增，替懷疑感染的人及患者拍攝胸部 X 光的放射技師的工作隨之而激增，大大超出平日的工作量，以致得邀請一些已退休的放射技師出來協助。

2. 健康檢查

健康檢查的目的，在於「及早發現疾病、及早治療」，並強調「預防勝於治療」的觀念。隨着醫療保險的普遍及一般市民對健康的注重，定期的身體檢查也愈來愈普遍。很多診所及醫院都有提供身體檢查服務。大部分的身體檢查套餐都包括胸部 X 光及骨質疏鬆檢查等的項目，這些檢查都是屬於放射診斷的範圍。胸部 X 光可以診斷肺部、心臟、大血管及肋骨的變化。骨質疏鬆檢查是針對中年以上人士，通過微量雙的重能量 X 光去掃描身體的指定位置或全身，從而診斷出骨質的健康情況。

此外香港衞生署提供的學童保健，定期為同學作身體檢查，除了基本的聽力視力及牙科檢查外，還包括脊柱的檢查。原來香港青少年患上脊柱側彎亦不少，比例約為百分之二至三。脊柱側彎是脊骨向左或右邊呈 C 型或 S 型。輕微的脊椎側彎不會有明顯症狀，嚴重的則會影響呼吸。這個情況很多時都需要拍攝胸部 X 光來作診斷及跟進。愈早發覺，治療的機會愈高。

此外，孕婦定期的胎兒情況檢查，經常需要使用超聲波造影。胎兒超聲波的影像可以協助醫生評估生產日期，胎兒位置及心跳狀況，並偵測胎兒是否有畸形的情況及先天性的疾病。

3. 癌病普查

癌症多年來高居香港人十大死因的首位，一般人都談癌色變。其實早期診斷癌症並作出治療，其預後也是很好。例如早期的鼻咽癌，前列腺癌經手術或放射治療後，存活率相當高。癌症發生時，並不一定有臨床症狀，像早期肺癌，它可以完全沒有症狀，但可由健康檢查胸部 X 光而篩檢出來。

同時，放射診斷在偵測乳癌上擔當極重要的角色。乳癌今天已是香港女性發病率最高的癌症，每年新症超過四千宗，死亡人數超過七百，而這些數字正不斷上升。乳癌普查可協助高危婦女及早發現疾病，從而提高痊癒的機會。常用的偵測方法是以乳房造影普查，其中可包括使用超聲波及 X 光。乳房造影普查主要是為中年（40 歲）以上及較高危的婦女（曾患乳癌者及其親屬）作癌病篩查。現在很多診所及醫院都設有這項服務。例如東華三院屬下現有兩間婦女健康普查部，包括廣華醫院及東華東院婦女健康普查部均設有診症室，乳房超聲波掃描及 X 光乳房造影設備。此外香港乳癌基金會屬下的乳健中心自 2107 年起在香港賽馬會慈善信託基金支持下更推出為期五年向 8,000 名有經濟需要的婦女免費提供 X 光乳房造影的計劃。[1]

三、挑戰與前景

1. 服務需求及措施

香港近年在公營醫院需要放射診斷服務的人數愈來愈多，輪候時間愈來愈長。例如一些非緊急的磁力共振檢查，輪候時間都超過一年。有鑒於此，醫管局推行了兩項措施。第一是轉介安排，由醫管局轉介往私家醫院接受放射診斷之病人可獲七折收費。第二是公私營協作放射診斷造影先導計劃，資助有臨床需要的選定癌症組別病人在指定私家診所或醫院接受診斷，讓他們可選擇接受私營界別提供的電腦掃描或磁力共振檢查。這計劃是 2012 年 5 月開始，選定癌症組別起初包括結直腸癌、乳癌、鼻咽癌及淋巴癌。2014 年 5 月起：加入前列腺癌、胃癌、子宮頸癌、子宮體癌、頭頸癌、惡性肉瘤或生殖細胞瘤。這計劃已有一定的成效，據報告至 2015 年 3 月已有約 20,000 人受惠。[2]

2. 放射診斷師

　　負責為接受檢查者製作醫療影像的專業人員是放射診斷師，他們可操作不同類別的醫療影像儀器，並依照醫生的資料為接受檢查者擺出最適合的位置去拍攝影像，然後有關影像由放射科醫生分析並完成報告。

　　香港的放射診斷師自 1978 年起就由香港理工大學負責培訓。起初是三年制的專業文憑，現時已是四年制的學士課程，每年就讀學生人數約 90 至 95 個。為確保畢業生具備專業技術，同學在四年的課程內需要接受為期一共 36 星期的臨床實習，在各醫院接受訓練。

　　根據衛生署 2017 年的資料，在香港註冊執業的放射師共約有 2,300 多人，扣除放射治療師約 400 人，實際的放射診斷師約為 1,900 人。由此計算出放射診斷師與香港人口 的比例約是 1：3,800，比起一些西方國家如英國的比例約為 1：2,500，[3] 香港這方面的專業人手是相對較低。

香港基層醫療健康護理服務：願景與挑戰

142

3. 挑戰與願景

　　隨着人口增加及老化，傳染病的爆發率上升，社會需要基層及專科醫療的病人將不斷增加，以致對放射診斷的需求將會大增，也預期放射診斷設備及專業人員的需求亦將不斷上升。促請政府在制訂人口政策的同時，也投放更多的資源在醫療設備及人手培訓之中，其中包括放射診斷服務，使其可以有效率地支援各專科及基層醫療服務的需求。期望放射診斷服務能更有效地在基層醫療方面推展，縮短病人的輪侯時間，惠及更多廣大市民。

註釋：

1　香港乳癌基金會乳健中心，擷取自：https://www.hkbcf.org/zh/breast_health/main/20/。

2　立法會（2015）。立法會衛生事務會推行公私營協作措施建議，CB（2）235/15-16(06) 文件。

3　Office for National Statistics (UK). Annual Number of Medical Radiographers in the United Kingdom from 2010 to 2018. *Statistica*.

第八章
不容忽「視」：學生健康服務[1]

林國璋
（香港理工大學眼科視光學院副教授及副學院主任）

一、眼科視光師的角色

世界眼科視光學委員會對眼科視光師作出以下定義：眼科視光師是基層醫療從業員，負責眼睛與視覺系統的處理，意思是眼科視光師需處理有關眼睛結構與功能上的問題。另外，眼科視光師會提供綜合眼科視光檢查，包括檢查度數、驗配適當的眼鏡或隱形眼鏡以作矯視、診斷和處理眼疾，眼科視光師同時亦提供視覺系統的復康服務。

世界眼科視光學委員會就眼科視光師所提供的眼睛檢查，分別作出四個不同層次的服務表述：第一階段的眼科視光師負責提供矯視鏡片，這些從業員只會根據度數處方配置矯視鏡片，並不會提供眼睛檢查；第二階段的眼科視光師提供的服務包括檢查屈光不正的問題，如近視、遠視、散光及老花等；第三階段的眼科視光師所提供的檢查增加了眼病的診斷及處理；而第四階段的眼科視光師則提供最高階的服務，此階段眼科視光師的工作包括矯正及處理視覺系統的問題；除了診斷及處理眼疾外，亦會處方藥物作為治療眼疾用途（World Council of Optometry, 2015: 5）。

香港理工大學眼科視光學院的本科課程一直致力培訓能夠提供

第四階段服務的眼科視光師，然而不同地方或會因應其醫療體系的發展，對眼科視光師的定位有所不同，那麼眼科視光師在香港擔當着什麼角色呢？參考食物及衛生局於 2008 年發表的醫療改革諮詢文件（香港食物及衛生局，2008：97），對眼科視光師在香港醫療體系中有明確的角色定位。該文件提到，視光學是「關於眼睛和有關眼組織、視力及視覺系統的醫護專業」；而視光師則是「受訓提供全面眼睛及視力護理的醫護專業人員，所提供的護理有改善視力及診斷有關眼睛或視光的普遍疾病。他們並非醫生，但在有需要時可轉介病人接受眼科醫生的治療。」

文件中的角色定位已經清楚介紹了眼科視光師的職能，他們處理的不只是眼睛的結構問題，也包括視功能檢查及護理；服務定位中亦清晰地列出眼科視光師有責任提供眼睛或視力普遍疾病的診斷。雖然香港政府對眼科視光師的角色定位有清晰的表述，但可惜暫時香港的眼科視光師卻未能夠提供世界眼科視光學委員會所界定的第四階段眼科視光服務。希望將來通過修訂法例，令大學培訓出來的眼科視光師能夠擔當更重要的角色，包括處方藥物治療眼病這項重要服務。

二、兒童的眼睛問題

那究竟兒童的眼睛出現了什麼問題？相信大家最熟悉的會是近視。2015 年，權威的《自然》雜誌也以近視作為議題，探討它的影響及嚴重程度（Dolgin, 2015: 276-278）。眾所周知，亞洲地區的近視發病率十分高。2015 年，世界衛生組織更分別以近視及深近視發表報告（World Health Organization, 2015），證明近視的確是現今社會不容忽視的問題。近視會帶來什麼嚴重的問題呢？近視可以發生在一隻或兩隻眼睛，不論哪種情況，如不及早處理，將有機會導致弱視；而弱視或「鴛鴦眼」則可能導致斜視。所以近視、弱視及斜視就是普遍家長擔心小朋友會患上的眼睛問題。

其實不少科學雜誌，例如 2016 年出版在一本英國科學雜誌的文章，已經就兒童近視的早發病率表達關注（Rudnicka, R. A. et al., 2016: 882-890）。而在 2018 年，英國亦有雜誌發表了一份因近視而導致黃斑退化問題的文章（Fricke, T. R. et al., 2018: 855-862）；其中特別預測到 2050 年時，近視所帶來的嚴重性。除了近視本身，其實深度近視也是我們相當關注的問題。深度近視的定義一般為六百度或以上，大家比較熟悉的深度近視併發症包括視網膜脫落、黃斑退化及早發性白內障等問題。雖然小朋友未必在幼年時期已經患深度近視，但即使是淺近視而引發的弱視或斜視都有機會影響學生的學習成效。

2018 年 8 月，美國一份權威眼科期刊亦發表了一篇探討嬰孩期和幼年期弱視及斜視的文章（Kelly, K. R., 2018: 938-941）。當中提及，即使弱視和斜視患者接受過適當的矯正，這些眼睛問題仍然對他們在作答多項選擇題時帶來影響。為何我會特別提及多項選擇題呢？因為多項選擇題是學生考核中比較常見的一種題目類型，例如香港中學文憑考試中，多個科目也採用多項選擇題評核學生水平。該文章其中一個研究結論，就是發現如果兒童在幼年時期曾經患有弱視或斜視，即使他們已經接受矯正，在作答多項選擇題時仍然需要較長時間。這誠然妨礙了他們在學術評審上的表現，並相對地影響了他們的學習進度。我們有相應對策應付這個情況嗎？學校應否根據學童以往弱視或斜視的病歷而延長他們作答多項選擇題的時間呢？我個人並不認同這做法，因為這方法只是治標而不治本。應對方法應該從根源着手，就是避免他們發展成弱視或斜視，這才是處理問題根源的做法。

三、香港的現況與外國的參考

關於照顧兒童視覺發展方面，香港衛生署有兩個不同的計劃，包括適用於學前兒童，主要在母嬰健康院進行的「幼兒健康及發展綜合計劃」；[2] 而小學階段兒童則受惠於「學生健康服務」計劃。衛生署事實上有關顧到學前兒童的視力發展，惟學童需要到年滿四歲時，才接受第一次學前視力普查。這個由衛生署推行的「幼兒健康及發展綜合計劃」其中一項，會由眼科視光師在母嬰健康院為適齡兒童進行一些初步的視覺檢查，包括視力、眼球轉動、近距離融合、瞳孔反應及眼球表面健康等。若發現兒童視力未能達標，他們會為兒童進行客觀性的度數檢查，性質與電腦驗眼相似。換言之，並不是每位小朋友都有機會接受客觀的度數檢查，只會在他們視力未能達標的情況下才會安排上述檢查。更可惜的是，計劃並沒有包括一個主觀的度數檢查，再根據主觀檢查的度數配置眼鏡以矯正視力，這一項服務並不包括在計劃內。

除此以外，計劃並沒有安排學童在四歲時接受色覺檢查，由於基因遺傳問題，約百分之七至八的男童會患上遺傳性色弱。那為何在學童四歲接受第一次視力檢查時，竟不包括色覺檢查？雖然色弱問題不會影響眼睛發展，但若然能及早得知小朋友患有色弱問題，便可以知會家長及幼稚園老師，為他們在學習上作出一些相應的措施，至少可以避免小朋友在一些特別的課堂上，譬如美術課，被誤會故意不跟從老師指示或學習態度差等，這歸根究底只是因為學生本身患有色弱。

　　若在初步檢查時，眼科視光師已發現兒童患有斜視或弱視，便會把他們轉介醫管局眼科專科跟進；或通過客觀性的度數檢查，眼科視光師發現學童有嚴重度數問題，如深度近視，亦會轉介學童到醫管局轄下的眼科跟進。但將這些個案轉介醫管局眼科跟進卻潛在一個問題，醫管局的眼科主要以藥物和手術治療處理眼病。然而，嚴重的度數、弱視等問題，並不應以藥物或手術治療為處理方法；既然這些個案並不需要以藥物或手術治療，其實不應該轉介到醫管局的眼科。至於輕度的斜視，也不一定要以手術治療，通過進行一些視力訓練、融合能力訓練等，便可有效地處理斜視的問題。

　　當學童升讀小學，可參加由衛生署推行的「學生健康服務」，[3]此服務主要在學生健康服務中心進行，其中一項服務會由護士為小一至小六的學生進行視力檢查。當學童就讀小六，即約十一至十二歲，計劃才會為學童進行色覺檢查。除此以外，由護士進行視力檢查的不足之處是，學童始終未有機會接受眼科視光師的詳細檢查。只有檢查結果被評定為不合格的學童才會被轉介至健康評估中心，由眼科視光師再作詳細檢查。健康評估中心的眼科視光師會為學童進行主觀性的度數檢查，以獲取準確的度數為該檢查的最終目的，然後建議學童根據該度數配置合適的眼鏡矯正視力。健康評估中心的眼科視光師除了進行視力檢查，亦會提供改善弱視的訓練，但他們在「學生健康服務」的主要工作是提供一張度數紙，方便家長依照度數紙於市面上配置適當的眼鏡。由於學童每年基本上只會由護士檢查視力，亦只有視力不達標的學童才會有機會約見眼科視光師，所以「學生健康服務」最大的弱點就是，未必能夠為學童的眼睛健康提供最適切的跟進。由此可見，衛生署未能有效地掌握小學生近視度數發展的實際情況。

另一方面，國家主席習近平於 2018 年 8 月底發出了由中國國家衛生健康委員會執行的《綜合防控兒童青少年近視實施方案》[4] 通知。由於中國兒童近視人數持續上升，國家提出一系列指示防控近視，家長及學校均有其扮演的角色；而醫療衛生機構在該實施方案中的角色主要是實行「早監察、早發現、早預警、早干預」的方針。方案也訂立了一個目標，就是於 2019 年起，初生至六歲的兒童每年眼保健和視力檢查覆蓋率要達百分之九十以上。兒童及青少年也需要接受科學驗光和相關檢查，方能為視覺症狀做到明確的診斷，然後再按照診斷的規範進行矯治，更重要的就是設立跟進的措施。

反觀目前本港衛生署所提供的服務如學前兒童眼睛檢查，其實並未能達到習主席所提出，初生至六歲兒童每年眼保健率達到百分之九十以上的要求。同樣地，若然衛生署只進行初步檢查，其實並未能有效地進行實施方案所要求的科學驗光，意即根據科學論證進行檢查，以達致明確診斷的目標。至於衛生署向小學生提供的「學生健康服務」，也未能符合綜合方案所提出的要求，向兒童及青少年近視患者提供跟進服務。

衛生署的學童牙科保健工作其實做得甚為理想，就着「世界口腔健康日」衛生署推行了「全港愛牙運動」。在 2018 年 3 月 20 日的「世界口腔健康日」，衛生署又提出了一個特別的口號：「記得護理口腔，身體更加健康。」那為何卻未見衛生署在眼睛視覺方面着墨呢？ 2018 年的「世界視覺日」訂於 10 月 11 日，相關機構亦刊登了「世界視覺日」標誌，但為何衛生署卻沒有藉着「世界視覺日」去提醒市民眼睛護理的重要性？反觀內地早在 1996 年，由國家衛生部、國家教育部、團中央、中國殘聯等十二個部委聯合發出通知，將每年 6 月 6 日訂為「全國愛眼日」。[5] 我建議衛生署除了為學童牙齒提供保健服務外，也應就着學童眼睛和視覺健康提供更全面的保健服務。事實上，衛生署近年也積極發展兒童服務，例如與香港理工大學眼科視光學院共同研發「兒童體能智力測驗服務」，並於 2017 年 10 月出版了兒童中文閱讀視力測驗的視力表，用作測量兒童的中文閱讀視力、閱讀速度和字體臨界大小。可見，衛生署在近年也開始與眼科視光師合作，關注兒童視覺方面的發展，我希望政府能分配更多資源支持兒童眼睛與視力保健的工作。

此外，我們也可以藉外國經驗作參考，例如英國國民保健署（NHS）[6] 向適齡學童提供的免費眼睛檢查，雖然他們訂出的眼睛檢查密度是每兩年一次，但眼科視光師可以因應兒童的眼睛和視覺情況，選擇提供更加頻密的眼睛檢查。英國眼科視光師學院亦曾經建議為有需要的適齡兒童每六個月進行一次眼睛檢查，也提出眼睛檢查的範圍應該涵蓋：準確測量屈光度數、檢查瞳孔反應、視力、雙眼活動能力及色覺。在英國國民保健署所提供的服務裏，也包括眼鏡和隱形眼鏡配置的資助，該資助金額會根據鏡片的矯正度數而有所不同，由 31 英鎊至 200 多英鎊不等。由此可見，英國對於國民的視覺和眼睛保健方案不僅限於眼睛檢查，還包括配置矯視鏡片。我們也可以參考澳洲國民保健系統（Medicare）[7] 在眼睛保健上涵蓋的層面，相比英國，澳洲對國民眼睛的照顧有更大的改善空間。澳洲國民保健系統提供每三年一次的眼睛檢查，當然眼科視光師也可以因應個案情況，提供較頻密的眼睛檢查。澳洲國民保健系統主要資助持卡者百分之八十五的驗眼費用，可惜保健系統的資助並沒有包括配置矯視鏡片，幸而當地不同的州份，仍有不同的計劃去照顧弱勢社群，資助他們配置眼鏡。參考英國及澳洲兩國所提供的服務，英國的眼睛健康服務涵蓋層面相對澳州較為豐富。

四、可行的方案

　　從以上的分析，我們能夠了解香港現時在照顧兒童視覺方面的弱項，我希望就此提出一些建議。香港政府推行的長者醫療券已經承認了第一部分的註冊視光師作為服務提供者，既然政府已向長者提供了部分視覺護理，那應否也增撥資源監察兒童的眼睛視覺健康呢？現時對於學前及小學生的眼睛及視覺照顧有哪些不足呢？首先對學前兒童而言，與現在內地已推行的初生至六歲兒童每年一次視覺保健檢查的政策相比，香港兒童四歲才接受第一次眼睛檢查實在是太遲了。其次，香港兒童在四歲時接受的第一次檢查內容並不包括主觀性的度數檢查，亦未能對應內地現時的科學驗光檢查，這是第二點不足之處。因為眼睛檢查不單是簡單地驗出一個度數，必要時更需要利用眼藥水做散瞳檢查。再者，將有度數問題的學前兒童轉介至醫管局的眼科專科，這無疑是加重了醫管局的負擔。另外，小一至小六學生的視力檢查也未能達到內地所推行的科學驗光要求，即使小學生能接受由衞生署的眼科視光師所提供的準確度數檢查，但若衞生署未能提供有效跟進，仍然是未能達到內地現時《綜合防控兒童青少年近視實施方案》的要求。

　　因此，我有兩項主要建議，第一項是推行「兒童和學童眼檢券」，參考長者醫療券、兒童牙科保健等服務的做法，我認為兒童和學童應有眼睛保健的資助，眼檢券更應該包括由眼科視光師所進行的屈光度數檢查。眼科視光師應該在有需要時提供散瞳的屈光度數檢查，尤其是幼年期兒童特別容易有遠視或假性近視；通過散瞳屈光檢查，眼科視光師可以得知準確的度數，為兒童驗配眼鏡矯正視力。此外，眼檢券也可以用作支付小朋友接受斜視與弱視的檢查和診斷，以及斜視與弱視問題所牽涉的費用。如果小朋友單單只有度數問題，學童或家長可以利用眼檢券支付配置眼鏡的費用；若是患有斜視、弱視問題而需要通過視覺訓練改善情況，那眼檢券也可用作資助所需的費用。第二，我希望政府可以提倡「社區視光師」的概念，這是參考香港政府現時提倡家庭醫生的概念。事實上，香港理工大學眼科視光學院經已培訓了許多眼科視光師，能向香港市民提供綜合眼科視光檢查。所以我希望政府提倡「社區視光師」的概念，增加家長對兒童眼睛健康的關注，讓他們有概念定期帶小朋友到附近的眼科視光中心，找眼科視光師做檢查和定期跟進。

總括而言，若我們參考內地的《綜合防控兒童青少年近視實施方案》，香港應訂立一個較遠大的目標。例如內地的實施方案中，訂立到 2030 年時，六歲兒童的近視發病率需維持在百分之三；小學階段的兒童近視發病率要低於百分之三十八；初中階段的近視發病率應少於百分之六十；而高中階段的近視發病率應少於百分之七十。香港也應當在兒童的眼睛健康方面訂立特定的目標，如是者，將來便可隨着時間和進度繼續商討長遠工作方向。我希望商討的時間並不會太長，2018 年的下半年高鐵正式開通，本港與內地有更緊密的連繫。既然內地對於控制兒童及青少年近視已經有一套實施方案，我想香港也可參考內地的做法。

當我構想「不容忽『視』：學生健康服務」為標題的時候，我希望除了「不容忽『視』」外，我更想提醒政府，對於學生眼睛健康服務也應該要「『視』不宜遲」。

註釋：

1 感謝杜善琳小姐和楊皓麟先生協助將聲音轉成文字。

2 母嬰健康院推行幼兒健康及發展綜合計劃，以促進兒童的全人健康，包括生理、認知、情緒和社交方面的發展。綜合計劃的核心項目有親職教育、免疫接種和健康及發展監察。

3 衛生署由 1995/1996 學年開始推行的學生健康服務，旨在通過促進健康及預防疾病服務，保障學生生理和心理的健康，使他們能夠在教育體系中得到最大的裨益及充分發揮潛能。

4 2018 年 8 月 30 日，教育部、國家衛生健康委員會等八部門聯合印發《綜合防控兒童青少年近視實施方案》。

5 1992 年 9 月 25 日，天津醫科大學眼科教授王延華與流行病學教授耿貫一，首次向全國倡議，在國內設立「愛眼日」。

6 國民保健署（National Health Service, NHS），是對英國四大公型醫療系統的統稱。

7 澳洲擁有完善的聯邦醫療保健系統，Medicare 卡是由政府承辦的社會醫療保險；Medicare 的持卡人，可以享受澳洲政府給予一定優惠的醫療服務。

參考資料

（中文）

中華人民共和國教育部等（20/8/2018）：〈教育部等八部門關於印發《綜合防控兒童青少年近視實施方案》的通知〉，《教體藝》第 3 號。

香港食物及衛生局（2018）：《掌握健康、掌握人生：醫療改革諮詢文件》。

香港衛生署（2006）。《兒童健康》。擷取自：https://www.fhs.gov.hk/tc_chi/main_ser/child_health/child_health.html。

香港衛生署（2014）。《關於學生健康服務》。擷取自：https://www.studenthealth.gov.hk/tc_chi/aboutus/aboutus_shs/aboutus_shs.html。

（英文）

Dolgin, E. (2015, March 19). "The Myopia Boom." *Nature*, 519 (7543), pp. 276-278.

Fricke, T. R., Jong, M., Naidoo, K. S., et al. (2018). "Global Prevalence of Visual Impairment Associated with Myopic Macular Degeneration and Temporal

Trends from 2000 Through 2050: Aystematic Review, Meta-analysis and Modelling." *British Journal of Ophthalmology*, 102, pp. 855-862.

Kelly, K. R., Jost, R. M., Cruz, A. D. L. & Birch, E. E. (2018). "Multiple-Choice Answer form Completion Time in Children with Amblyopia and Strabismus." *JAMA Ophthalmology*, 136, pp. 938-941.

Rudnicka, R. A., Kapetanakis, V. V., Wathern, A. K., et al. (2016). "Global Variations and Time Trends in the Prevalence of Childhood Myopia, a Systematic Review and Quantitative Meta-analysis: Implications for Aetiology and Early Prevention." *British Journal of Ophthalmology*, 100, pp. 882-890.

World Council of Optometry. (2015). *A Global Competency-Based Model of Scope of Practice in Optometry.*

World Health Organization. (2015, March 16-18). *The Impact of Myopia and High Myopia.*

第九章

「社區為基，預防為本」
——社會工作專業在促進基層醫療健康護理的角色

何寶英
（香港理工大學應用社會科學系高級講師）

一、引言

  2018 年流感高峰期間，本港公立醫院爆滿，使用率遠超負荷，一向默默耕耘的醫護人員也不禁怨聲載道，齊聲抗議。香港醫療制度的危機存在已久，若仍坐視不理，那只會隨着時日及人口老化而變得更嚴峻。額外增撥資源、放寬海外醫生在港執業限制，以及鼓勵退休醫護人員兼職工作等補救方案能根治問題嗎？今天香港所面對的困局，與香港醫療服務資助模式、人力規劃及管治等根本問題息息雙關，更反映特區政府長期忽略基層健康服務發展的後果。

  在香港，社會工作被視為一個助人自助的專業，以各種手法幫助受助者解決個人、家庭及社區問題，而醫療則屬醫護界的責任。除了在醫院內服務的醫務社工及少數以病人為主要服務對象的機構外，社福界在促進健康方面的貢獻往往被忽略，社會上的討論也不多。筆者相信社會工作專業與醫護專業在達至全民健康（包括生理、心理、社會和靈性方面）是不可或缺的夥伴。在促進健康及提升市民生活質素上，社會工作與醫護團隊目標一致。社會工作者可憑專業技巧及其優勢，與醫護界及社區中各持份者，更有效推動基層健康的發展。

二、基層醫療健康護理（PHC）是達致全民健康的關鍵

世界衛生組織（簡稱「世衛」）1978 年在亞拉木圖（Alma Ata）舉行的國際基層健康服務會議內，一致通過及發表「亞拉木圖基層健康宣言」，認定基層醫療健康護理（簡稱「基層健康」，Primary Health Care）乃基本人權，是達到「全民健康」的目標（WHO, 1978）。其後世衛的「渥太華健康促進憲章」（WHO The Ottawa Charter for Health Promotion, 1986）及「曼谷全球健康促進憲章」（The Bangkok Charter for Health Promotion in a Globalized World, 2005）也強調「促進健康」（Health Promotion）必須是各國家基本公共衛生政策的重要一環，而基層醫療健康護理至為重要。

世衛鼓吹的基層醫療健康護理（Primary Health Care），有別於基層醫療（Primary Care）。基層醫療是指市民與醫療系統的第一接觸點，例如私家醫生或政府診所，是相對於第二層專科及第三層醫院服務而言。基層醫療是醫院服務的第一防線。若有第一層的基層醫療把關，那麼市民才可以病向淺中醫，不會因失去醫治良機而把小病變成大病。基層醫療固然重要，但仍離不開病了才醫的狀況，換句話說，要達至全民健康，只集中治療性醫療服務（curative care），不論是普通科、專科及醫院服務，均不足以長遠解決目前的醫療危機。反之，基層醫療健康護理（Primary Health Care）是一個

更廣義及前衛的概念，範圍包括所有針對健康決定因素（個人、社區、社會、經濟、文化及環境因素）而作出的健康促進活動，例如健康教育、疾病預防、醫療政策倡議等。

健康促進（Health Promotion）是一個積極的健康觀念以及提升市民對自己健康及健康決定因素操控能力的過程（WHO, The Ottawa Charter, 1986）。其範圍及行動包括健康教育（Health Education）、預防（Prevention）及健康防護（Health Protection）（Downie, Fyfe and Tennahills, 1990）。健康教育是通過健康資訊傳播，令市民作出維持健康的理性決定。預防的範圍很廣泛，包括改善衛生及疾病預防。健康防護則通過環境、財務及立法手段促進健康，香港衛生防護中心的日常工作就是好例子。所以，除了加強個人的技巧和能力之外，更要改變社會，經濟及物質環境，以便盡量減低影響健康的程度（李紹鴻，2012）。所以，公平享用、全民參與、跨界別協作、相應醫療科技，均為提供基層健康的基本原則，務使醫療資源用得其所，人人共享。

世衞的論據及原則，與學者 Dahlgren and Whitehead（1991）提出社會性健康模式（Social Model of Health）頗為一致，認為市民健康狀況取決於複雜的社會性因素，包括個人生活方式、社交和社區網絡，以及社會、經濟、文化及環境等（見圖9-1）。世衞在2008年發表了有關健康的社會決定因素報告（Closing the Gap in a Generation – Health Equity Through Action on the Social Determinants of Health），明確指出社會因素對全球市民健康有決定性的影響。貧窮及各層面的社會不公義，是構成健康差異的主因（WHO, 2008）。

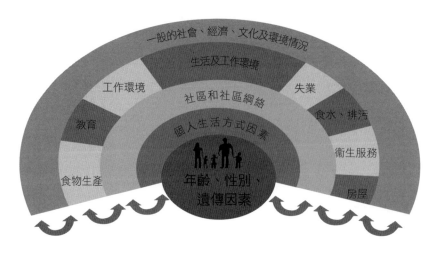

圖 9-1：社會性健康模式（Social Model of Health）

一般的社會、經濟、文化及環境情況
生活及工作環境
工作環境
失業
社區和社區網絡
教育
食水、排污
個人生活方式因素
衛生服務
年齡、性別、遺傳因素
食物生產
房屋

　　「亞拉木圖基層健康宣言」發表三十年後，有評論認為基層健康服務能否發揮其「守門員」角色，取決於基層健康服務能否讓社區中弱勢／高危社群受惠（Gillam, 2008）。基層健康可為醫院及專科服務把關，基層健康服務不單止是市民接觸醫療系統的第一道防線，也是將健康教育及預防性措施滲透社區的途徑。換句話說，這些社群沒有足夠途徑及條件預防疾病，醫療系統的負擔只會愈來愈重。雖然有不少已發展國家，例如英國及意大利，推薦基層醫療，但有更多發展中的國家在這方面的政策及資源投放仍不足以使人人受惠，有違阿拉木圖宣言的精神（Gillam, 2008）。

三、香港基層醫療的發展

相對醫院服務而言，香港基層醫療的發展可以説是停滯不前。特區政府由 1990 年至今，提及基層醫療的文件寥寥可數。1990 年基層醫療工作小組發表的報告，首次檢視了香港基層醫療制度，並就將來的基層醫療政策提出建議。很可惜，特區政府並沒有任何實質回應。直至 2008 年，醫療改革諮詢文件《掌握健康、掌握人生》，列出整套醫療改革的建議，當中包括改善基層醫療的發展，為市民提供持續、預防、全面而整全的醫療服務（食物及衞生局，2008）。兩年後，醫護改革諮詢文件《你我齊參與、健康伴我行》，提出了較具體的基層醫療服務建議，如制訂醫療服務的基本模式、設立家庭醫生名冊、資助市民接受預防性護理及改善公營基層醫療服務等（香港食物及衞生局，2010）。食物及衞生局在 2010 年也發表了一份有關基層醫療的策略文件，並在衞生署下成立辦公室，統籌推行有關基層醫療之政策（Legislative Council Panel on Health Services, 2018）。基於上文對基層醫療健康護理（Primary Health Care）及基層醫療（Primary Care）的理解，香港政府所指的基層醫療是後者而非前者。換句話説，服務發展仍以醫療機構主導，沒有針對社會、經濟及物質環境等社會性因素作出長遠規劃。

隨着人口老化、慢性病急升、全球傳染病風險日增，公共醫療系統不勝負荷，不少內部問題在流感高峰期呈現，引起市民關注，特區政府不得不加速基層醫療的發展。食物及衞生局局長陳肇始也表示，現時約六成急症室求診人次屬非緊急和次緊急，是不健康的現象。現有不同機構或團體從事預防性基層醫療工作，但缺乏系統（《明報》，15/1/2018）。公共醫療醫生協會前會長兼老人科專科醫生佘達明説，本港忽略基層醫療，沒有機制讓基層醫生轉介病人到社區的專職醫療團隊接受專職治療，或與醫院的專科醫生聯繫，結果各有各做，苦了病人周圍走（《明報》，1/4/2017）。

特首林鄭月娥表示有意把推動基層醫療健康視為施政重點之一。其首份施政報告即提出推動基層醫療健康，政府及後成立「基層醫療健康發展督導委員會」。督導委員會擔當統籌角色，包括負責設立地區康健中心，提升本港整體健康水平，減少市民非必要使用急症室（《明報》，15/1/2018）。第一間地區康健中心以葵青作藍本，積極推展至全港十八區，以醫社合作、公私營協作及地區為本為原則，向市民推廣健康並提供健康評估、慢性疾病管理及社區復康等服務（香港特區政府新聞公報，8/7/2018；林正財，14/11/2018）。這施政方向，似乎也獲得醫院管理局認同。醫院管理局主席梁智仁教授在政府 2017 年的施政報告發表後表示：「我們認同政府發展一個全面及協調各界的基層醫療系統這個整體方向。相信這有助紓緩急症室服務的壓力，並可減輕市民對醫院服務的倚賴。醫管局會在合適情況下，支持及參與醫社合作的模式，並會協助政府推行疾病預防及篩查的政策與計劃，提供醫管局有關病人及疾病的臨床數據。」（香港特區政府新聞公報，10/10/2017）

四、社福界在健康促進的信念及願景

作為一個以實踐為本的專業及學術領域，社會工作推動社會改變和發展、社會凝聚和人民的充權及解放。社會公義、人權、集體責任和尊重差異等原則是社會工作的核心。基於社會工作、社會科學、人文和本土知識的理論，社會工作以聯繫個人和組織去面對人生的挑戰和促進人類的福祉（IFSW, 2014）。「亞拉木圖基層健康宣言」也是致力尋求公義社會，通過跨專業協作及社區參與，使市民共享社會資源是達到「全民健康」的目標。社會工作專業的原則及價值觀，與基層健康的核心價值不謀而合。

不少研究指出，貧富不均、社會排斥、惡劣生活及工作環境等，往往令弱勢社群成為健康高危一族（Marmot, 2005, 2007；WHO, 2002），可見，影響健康的原因多與社會因素（Social Determinants）有關，這也是不少社會工作者致力解決的問題。他們的服務對象，不乏貧病交加的基層市民，所以，促進健康也必然是社會工作者工作範圍之一。事實上，世界各地有不少社工視促進弱勢社群健康為己任，例如協助中國外來民工、英國同性戀者、非洲無家婦女，以及澳洲土著等爭取維持健康的基本條件及獲得公平就醫的機會（Bywaters, McLeod and Napier, 2009）。

在香港，貧病交迫是不少社會服務對象每天掙扎面對的困境。因此，我們相信，促進基層醫療（Primary Care）及基層健康（Primary Health Care）同樣重要，能有效提升弱勢社群生活質素。因此，社福界在基層健康的願景是：聯同醫護、病人及其家人，以及社區中各持份者，齊心營造促進基層健康的有利環境，為社區內弱勢社群建構公平使用醫療服務及獲得促進健康的機會。

五、社福界在推行基層健康的優勢及角色

社福界植根香港數十年，在推行基層健康上有一定的優勢，包括較多機會接觸基層市民，從而推行健康教育，提供醫療資訊，搭建平台，鼓勵社區參與健康促進活動，推行創新基層醫療模式及醫療政策倡議等。筆者必須指出，社工需要與各持份者攜手合作，包

括醫護界、政府部門、學術界、地區組織、病人組織及基金會等，才可有效促進基層健康（見圖 9-2）。

圖 9-2：跨專業／界別協作下的多元社工角色

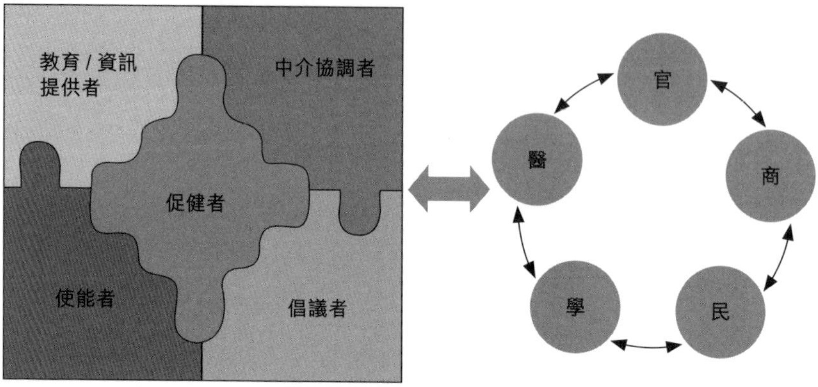

長久以來，社工在推行基層健康上扮演着多元角色，包括使能者（Enabler）、教育及資訊提供者（Educator and Information Provider）、促進者（Facilitator）、中介協調者（Broker）及倡議者（Advocate）。作為使能者，社工運用個人及小組介入方法，令高危社群／病者明白導致疾病的社會因素，從而作出相應的行為改變，在中學舉辦預防吸食軟性毒品及愛滋病的工作坊便是例子之一。作為教育及資訊提供者，社工往往成為基層市民的醫療服務資源及健康資訊來源。作為中介協調者，社工一方面可提供轉介，協助病者獲得適當基層醫療服務，另一方面可與醫護合作、提升病者及其照顧者疾病管理的能力。作為促進者，社工也鼓勵及協助病者與照顧者成立自助組織，爭取公平就醫的權利。這些多元社工角色，是需要通過跨專業及跨界別協作的環境才可發揮作用的。

1. 接觸弱勢及隱蔽社群，促進疾病預防

　　社工在其日常工作中，有許多機會接觸社區中的弱勢社群，包括低收入家庭、獨居長者、新移民、難民、露宿者、少數族裔等。他們往往因為社會、經濟及各種環境因素而成為健康高危一族。社工擅長以外展手法接觸弱勢及隱蔽社群，衝破文化及語言障礙，贏取信任，才能順利推廣疾病預防工作。根據不少學者的分類，疾病預防也有第一層、第二層和第三層之分，缺一不可（Simeonsson, 1991; Naidoo and Wills, 2000）。

　　第一層預防主要是針對一般大眾或高危社群，目的是減低發病人數。由地區長者中心舉辦的健康檢查及講座，可有效提升長者健康疾病預防的意識。建立運動及良好飲食的習慣，有助預防長者跌倒，及減低長期病患的風險。少數族裔及男男同性戀者是公共醫療機構較難接觸的隱蔽社群，他們面對的健康風險也較大。針對濫藥邊緣少數族裔青少年而設的健康教育計劃，有助他們抗拒誘惑。社福機構同工通過手機應用程式及網上平台等途徑，融入男男同性戀者的社交圈子，接觸到部分高危社群，為他們提供愛滋病快速測試，減低感染風險。社工亦以外展手法，接觸露宿者及劏房戶等弱勢社群，給予醫療資訊或協助他們尋求醫療資源。

　　第二層預防是希望及早發現中已存在的健康問題，令市民能及早求醫。很多社福機構會推行一些健康篩查及評估，及早發現健康的問題。有社會服務機構與醫院合作在社區內設立「長者心智評估中心」，由醫院派出精神科的醫護人員到社會服務機構，為長者進行精神健康狀況評估，一方面可及早發現長者的精神健康問題，並作出適當的跨專業治療。由香港理工大學的評估研究結果發現，這項醫社合作計劃，不但可以令參與者在生活質素上有明顯增長及較低入院率（香港聖公會麥理浩夫人中心，2004；Ho, 2006）。所以，

及早預防可避免病情進一步的惡化，加強患者復元的機會與速度，減少醫療資源的消耗。

第三層預防則主要針對已發病人士，以減低演變成更多其他病症及殘障。社工在第三層預防上也有可扮演的角色。例如不少中風、失智或癌症病患者，經醫院治療後，就必須在社區中開展漫長的康復過程。在社區復康設施及服務不足的情況下，往往求助無門，拖慢康復進度。由社工牽頭的跨專業社區復康計劃，不但社區及家居為病人提供康復療程，也加入社交心理及心靈上的支援，舉辦照顧者聚會，讓他們能互相分享經驗，及為彼此打氣（香港聖公會麥理浩夫人中心，2012）。

在這三層預防上，社福機構扮演了很重要的角色。不過，疾病預防工作需要醫護界與各持份者的參與才能成事，社福機構多元而穩固的社區網絡，是推行各級疾病預防工作的有利條件，使疾病預防工作能深入社區。

2. 為病者充權，協助基層掌控健康及醫療政策倡議

面對因外在環境或制度而導致的健康不公義情況，無權無勢的人往往只能逆來順受。充權是個人、組織及社區通過學習和參與、獲得掌控自己生命的過程，增強受助個人或社區的實際權力或發揮潛能，減低弱勢社群因環境及制度壓迫下而產生的無力感，而並不是只要求個人適應環境（Adams, 2008；Rappaport, 1984）。

社工的服務對象多為低收入市民，他們日夜為口奔馳，普遍對維持健康的認知較低，以致健康出現問題而不自知，不少長者、新移民及少數族群對醫療服務缺乏了解及協助而諱疾忌醫。社工運用其多元社工角色，為病者在個人、組織及社區層面充權，協助他們增加自信及掌控自己健康的能力，並藉醫療政策倡議，協助病人

發聲。

　　在個人層面，社工的角色是鼓勵基層病患者通過自助及疾病自我管理，以積極態度代替無能感。本港不少社福機構及社區復康在醫管局及衛生署的支援下，為長期病患者舉辦了「病人自強計劃」，提供疾病自我管理知識及技巧，減低對醫療服務的依賴，增強自我操控健康的信心及能力。在組織層面，社工可協助病患長者成立互助組織，分享護理常識，培養健康的生活習慣；更重要的是可以在互相支持的環境下，輕鬆地面對自己的病情及在互助互信的關係中團結一致，就影響他們的服務政策發聲，共同解決面對的問題。

　　在社區層面上，醫療倡議及社區健康評估是一些可行的充權手法。社工在社區提供社會服務的過程中，不難發掘出基層市民及其照顧者的醫療需要，以及現存醫療服務不足之處。弱勢社群雖然渴望醫療服務得以改善，他們往往缺乏資訊、能力和信心向政府提出他們的要求。倘若健康上的不公義是由醫療制度或政策造成，那麼醫療倡議就是帶來改變的途徑之一。社工通過不同途徑，例如出版、研究及政策倡議工作等，鼓勵病人及家屬發聲。麥理浩夫人中心藉世界中風日發起「橙絲帶行動」，提升市民對中風的關注及喚起當局在政策上的配套。社區組織協會也通過出版書籍及研究，提高市民對精神病之認知及復康者之需要，作為政策倡議及社區教育的手法。再者，政府即將在全港十八區成立的地區康健中心，也是葵青區各社福機構及地區團體多年努力倡議的成果。

　　既然健康促進是一個增強市民操控自己健康的過程，市民的角色應是積極的，而非被動的。相對全港性的健康普查或評估而言，由社區自主、社區主導的「社區健康評估」對居民的幫助更大。社工以協調者的角色，與居民一起發掘社區健康問題或特定社群的健康狀況，從而尋找解決的方案。社區健康評估的結果，也可成為服務及政策倡議的理據，從而向政府建議服務或政策的優先次序，促使政府將醫療資源於十八區更公平地分配，減低使用上的障礙。

3. 連線結網，致力能力建設

世衞渥太華健康促進憲章及曼谷全球健康促進憲章都一致強調夥伴協作（partnership）及能力建設（capacity building）作為健康促進的重要策略（WHO, 1986; WHO, 2005）。健康促進並不能依賴醫療制度或醫療專業，政府、公民社會，以至國際及地區組織也可為基層健康出一分力。

社工為病人及其照顧者在社區內連線結網，建立社會資本，是有很強的理論及實證根據的。社會資本是存在於人際關係及網絡中的重要資源，能在一個人面對危機時發揮作用或從中得到好處（Woolcock and Narayan, 2000）。一個薈萃分析（Meta-analysis）就148個在亞洲、歐洲及北美地區進行的研究，發現良好的人際關係及網絡對存活率有重要影響（Holt-Lunstad, Smith and Layton, 2010）。另一研究團隊再就60個研究結果作分析，當中12個研究證實社會資本能有效減低因社會經濟困境對健康產生的負面影響，另有5個研究發現社會資本對弱勢社群的健康帶來正面影響（Uphoff, Pickett, Cabieses, Small and Wright, 2013）。

社工相信不同類型的社會資本都有助弱勢社群促進健康。凝聚型社會資本（Bonding Social Capital）是指市民之間建立和擴闊與自身背景相似或同質的社會網絡，例如家庭成員、朋友或鄰居（Woolcock, 2001）等。社工通過外展手法或與醫療機構合作，把相同疾病的人及其照顧者聯結在一起。由於他們面對的困難相似，較容易產生共鳴，通過分享抗病的經歷重建對康復的信心，在互相鼓勵中重健身心靈健康。另一方面，搭橋型社會資本（Bridging Social

Capital）是指居民建立和擴闊與自身背景相異的社會網絡，例如不同社會階層和背境的社群（Woolcock, 2001）。社工可運用自身的社會網絡，使病人及照顧者認識社區內不同組織及義工，從而得到不同層面的醫療資訊和知識，藉引入區內外資源，惠及更多基層市民。

在能力建設方面，本港不少社福機構能善用其專業技巧，通過系統培訓，讓病人家屬、社區婦女、學生及退休人士成為「健康大使」或「朋輩輔導員」，在疾病預防及健康教育方面發揮很大作用。通過建立專業、義工及鄰舍網絡，發揮適時援助的功效。通過資源及資訊的提供，亦使市民知道如何去獲取資源及促進個人身體健康的方法。此外，增強病者家人對疾病的諮詢及提供照顧技巧訓練，可大大減輕照顧者的壓力。此類計劃對失智症與抑鬱症長者及其照顧者幫助很大。事實上，在社區內發掘義工資源，連線結網，是社福機構的強項。社福界亦可鼓勵前線同工接受有關基層健康及健康促進的培訓，使他們更有效地推行相關工作。

4. 專業協作，成基層醫療模式創新基地

多年來社福機構積極參與醫社合作計劃，亦願意在社區提供基地及擔當協調者角色。不少基層醫療服務，例如健康城市運動、病人自強計劃等，都是由社福機構試行成功後，才轉化為政府資助的服務。不少基層醫療創新計劃均以社區為本，通過跨專業及跨界別的協作模式進行，並有堅實的理論架構及實證研究為基礎。

有研究跨專業合作的學者指出，不同專業人士的合作深受政策、文化、專業、組織及個人等因素影響。理想的跨專業合作，應該是一種能互相協調、民主參與的夥伴關係，而成功因素取決於權力的均等、相互的尊重、角色及責任的互補，以及一致目標與決策等。要達致有效的跨專業合作，須建立在信任及相互尊重的基礎之

上（Bronstein, 2003; Corser, 1998; D'Amour et al, 2005）。雖然各醫療護理專業的訓練及價值取向未必相同，但為病人的福祉而努力，是跨專業合作的共同目標。因着大家的共同信念，跨專業醫療團隊必須要有一定程度的互相依賴，雙方必須願意分擔治療過程中的責任，才能建立真正又良好的合作關係。

葵青安全社區及健康城市協會多年來以「醫、福、社」的協作模式，結合醫護界、社福界及社區各持份者參與，帶領了不少以長者及青少年疾病預防的新服務。近年由香港大學社會科學學院、社會工作及社會行政學系聯同五個社福機構於葵涌、深水埗、觀塘及將軍澳推行的「賽馬會樂齡同行計劃」就是一個好例子，運用創新服務模式，結合社工能力建設、長者全方位支援等元素，促進長者心理健康及抗逆力。另一個通過跨專業協作的例子是「中西結合身心靈全人健康課程」，此先導計劃由西醫、中醫、社福機構三方協作，以藥物（中西結合）配合心理治療，更加入中西結合身心靈全人健康因素，有效改善參加者的抑鬱情況，增強他們的正面思維及健康行為。

此外，「長者離院綜合支援計劃」也是一個好例子。此計劃目的是為身體虛弱的離院長者提供在社區生活的過渡性支援。一支由社工統籌的跨專業團隊，包括醫生、護士、營養師、職業治療師及已受訓的照顧員等，定期開會為每一個參加者釐定一站式支援。醫護人員會按照長者需要提供康復療程，社福機構則提供送飯及陪診等實質支援，還會為患者提供復康運動訓練，為其家人提供照顧技巧訓練，以及連結社區資源如院社服務家居環境改造等。

六、結語

　　社福界是積極推動基層醫療的持份者之一，充分利用其在社區工作的優勢，扮演了使能者、教育及資訊提供者、促進者、中介協調者及倡議者等多元角色，惠及不少缺乏資源及資訊的基層市民。要繼續發揮角色，社工面對的困難亦不少。首先，社工在促進基層健康中的角色並沒有獲得政府足夠的重視及認同，雖然社工在醫療體系及社區內推行不少復康、疾病預防及健康促進工作，社工被視為跨專業醫療團隊一份子的形象並不突出，在服務機構推動及促進基層健康並不被視為社工的主要職責。社福機構推行的計劃及人手也不受政府資助，社工若要主動推行基層健康的計劃，必須自行尋找額外資源，惟可供申請的基金也不多。社工若要在恆常服務下再推行這些額外計劃，將導致其工作量增加不少。

　　本着社會工作專業尋求公義社會、捍衛基本人權的原則及價值觀，縱使前路漫漫，相信許多社工也願意繼續與弱勢社群同行，通過跨專業協作及社區參與，努力建構公平使用醫療服務及促進健康的機會，達到「全民健康」的目標。

參考資料

（中文）

李紹鴻（2012）。《促進健康——理論與實踐》。香港：中文大學出版社。

《明報》（1/4/2017）。〈醫局研家庭醫生學多幾瓣，推基層健康助減專科住院壓力〉。

《明報》（15/1/2018）。〈急症室六成人屬不緊急，陳肇始稱不健康，地區設康健中心，盼減衝急症室〉。

林正財（14/11/2018）。〈醫社相依：還看施政報告〉，《蘋果日報》。

香港食物及衞生局（2008）。《掌握健康、掌握人生 —— 醫療改革諮詢文件》。

香港食物及衞生局（2010）。《你我齊參與、健康伴我行 —— 醫護改革諮詢文件》。

香港特區政府新聞公報（10/10/2017）。〈醫院管理局歡迎施政報告〉。

香港特區政府新聞公報（8/7/2018）。〈食物及衞生局局長談葵青區地區康健中心試點計劃〉。

香港聖公會麥理浩夫人中心（2004）。《社區健康手冊 —— 全民參與，地區協作》。香港：文藝印刷設計有限公司。

香港聖公會麥理浩夫人中心（2012 年 1 月）。《香港聖公會麥理浩夫人中心季刊》，第三十八期，第 5 頁。

（英文）

Adams, R. (2008). *Empowerment, Participation and Social Work*. New York: Palgrave Macmillan.

Bronstein, L.R. (2003). "A Model for Interdisciplinary Collaboration." *Social Work*, 48 (3), pp. 297-306.

Bywaters, P., McLeod, E. and Napier, L. (eds.) (2009). *Social Work and Global Health Inequalities – Practice and Policy Development*. Bristol: the Policy Press.

Corser, W. D. (1998). "A Conceptual Model of Collaborative Nurse-physician Interactions: The Management of Traditional Influences and Personal Tendencies." *Scholarly Inquiry for Nursing Practice*, 12, pp. 325-341.

D' Amour, D., Ferrade-Videal, M., Rodriguez, L.S.M. and Beaulieu, M.D. (2005, May). "The Conceptual Basis for Interprofessional Collaboration: Core Concepts and Theoretical Frameworks." *Journal of Interprofessional Care*, Supplement 1, pp.116-131.

Dahlgren G. and Whitehead, M. (1991). *Policies and Strategies to Promote Social Equity in Health – Background Document to WHO – Strategy Paper for Europe*. Arbetsrapport2007:14: Institute for Future Studies. Retrieved from: https://ideas.repec.org/p/hhs/ifswps/2007_014.html.

Downie, R.S., Fyfe, C. and Tannahill, A. (1990). *Health Promotion – Models and Values*, New York: Oxford University Press.

Gillam, S. (2008). "Is the Declaration of Alma Ata Still Relevant to Primary Health Care?" *BMJ*, 336, pp. 536 -538.

Ho, P.Y.A. (2006). "Promoting the Health and Well-being of Elderly Patients Through a Coordinated Medical and Social Care Program." *Journal of Psychology in Chinese Societies*, 7(1), pp. 45-62.

Holt-Lunstad, J., Smith, T.B. and Layton, J.B. (2010). "Social Relationships and Mortality Risk: A Meta-analysis Review." *Public Library of Science (PLoS Medicine) Open Access*, 7 (7), e1000316.

IFSW (2014). *Global Definition of Social Work Profession*. International Federation of Social Work. Retrieved from: https://www.ifsw.org/global-definition-of-social-work.

Legislative Council Panel on Health Services, (2018). "Background Brief Prepared by the Legislative Council Secretariat for the Meeting on 12 February 2018. Development of Primary healthcare services." LC Paper No. CB(2) 827/17-18(04). Retrieved from: https://www.legco.gov.hk/yr17-18/english/panels/hs/papers/hs20180212cb2-827-4-e.pdf

Marmot, M. (2005). "Social Determinants of Health Inequalities." *The Lancet*, 365, pp. 1099-1104.

Marmot M. (2007). "Commission on Social Determinants for Health. Achieving Health Equity: From Causes to Fair Outcomes." *The Lancet*, 370, pp. 1153-63.

Naidoo, J. and Wills, J. (2000). *Health Promotion – Foundations for Practice* (2nd ed). Edinburgh: Harcourt Publication Ltd.

Rappaport, J. (1984). "Studies in Empowerment: Introduction to the Issue." *Prevention in Human Services*, 3, pp. 1-7.

Simeonsson, R.J. (1991). "Primary, Secondary, and Tertiary Prevention in Early Intervention." *Journal of Early Intervention*, 15(2), pp. 124-134.

Uphoff, E, P., Pickett, K.E., Cabieses, B., Small, N. and Wright, J. (2013). "A Systematic Review of the Relationships Between Social Capital and Socioeconomic Inequalities in Health: A Contribution to Understanding the Psychosocial Pathway of Health Inequalities." *International Journal for Equity in Health*, BioMed Central. Retrieved from: http://www.equityhealthj.com/content/12/1/54.

WHO (1978). *Report of the International Conference on Primary Health Care. Alma-Ata USSR 1978: Primary Health Care*. Geneva: World health Organization.

WHO (1986). *The Ottawa Charter for Health Promotion 1986*, Geneva, World Health Organization. Retrieved from: https://www.who.int/healthpromotion/ conferences/previous/ottawa/en/.

WHO (2002). *The World Health Report 2002 – Reducing Risks, Promoting Healthy Life*. Geneva: World Health Organization.

WHO (2005). *The Bangkok Charter for Health Promotion in a Globalized World, 2005*. Geneva: World Health Organization. Retrieved from: https://apps. who.int/iris/bitstream/handle/10665/205976/B3280.pdf.

WHO (2008). *Closing the Gap in a Generation – Health Equity Through Action on the Social Determinants of Health*. Geneva: World Health Organization, Commission on Social Determinants of Health.

Woolcock. M. (2001). "The Place of Social Capital in Understanding Social and Economic Outcomes." *Canadian Journal of Policy Research*, 2 (1), pp. 1-17.

Woolcock, M. & Narayan, D. (2000). "Social Capital: Implications for Development Theory, Research and Policy." *The World Bank Research Observer*, 15 (2), pp. 225-249.

第十章
政府的醫療人力規劃如何配合基層醫療服務的發展

方毅
（食物及衞生局副秘書長〔衞生〕）

一、香港的醫療系統

1. 既定醫療政策

　　政府的既定政策是確保本港不會有人因經濟困難而得不到醫療服務。因此，公營醫療系統為全港市民的安全網，讓他們以可負擔的費用接受公營醫療服務。所有使用公營醫療服務的病人，不論其負擔能力，都只須支付相當於實際服務成本一小部分的費用。綜合社會保障援助受助人或獲批醫療費用減免的人士，更可獲全額豁免支付醫療費用。

2. 公營界別

　　本港的醫療系統採用以穩健的公營醫療界別和蓬勃發展的私營醫療界別雙軌並行的模式運作。公營醫療系統由政府資助，主要由衞生署及醫院管理局（下稱「醫管局」）提供醫療服務。

（1）衞生署

衞生署負責公共衞生職能，包括促進健康、預防疾病，以及規管藥物、醫療專業人員和醫療設施。衞生署通過轄下 31 間母嬰健康院、3 間婦女健康中心、12 間學生健康服務中心、3 間健康評估中心、18 間長者健康中心、18 支長者健康外展隊伍和 11 間政府牙科診所提供促進健康及預防疾病的相關服務。衞生署亦設有專科設施，包括 19 間美沙酮診所、17 間胸肺科診所、7 間社會衞生科診所、4 間皮膚科診所、2 間綜合治療中心、4 間提供醫學遺傳服務的中心及診所、6 間兒童體能智力測驗中心和 2 間旅遊健康中心，為市民提供免費或大幅資助的服務。

（2）醫管局

醫管局根據《醫院管理局條例》成立，負責提供公立醫院及相關的醫療服務。醫管局通過轄下 43 間醫院、49 間專科門診診所、73 間普通科門診診所（包括社區健康中心）、18 間中醫教研中心及外展服務，劃分為七個聯網，提供多項由政府大幅資助的醫療和復康服務。中醫教研中心由醫管局、非政府機構和本地大學以三方夥伴協作模式營運，推動以「循證醫學」為本的中醫藥發展，並為本地中醫藥學士學位課程畢業生提供實習培訓。

3. 私營界別

本港的私營醫療系統與公營醫療系統互相補足，讓有能力且願意負擔較高醫療費用的人士可以自費更靈活地選擇醫療服務。私營界別包括各類具規模的服務提供者，包括 12 間私家醫院和數千間診所、護養院、社區藥房、醫務化驗所、診斷成像中心和眼鏡店等，在提供醫療服務方面擔當重要角色。

本港的日間醫療服務主要由私營醫療系統提供，佔所有接受醫生和牙醫診治人次的約 70%，當中主要是在基層醫療層面提供治療。就基層醫療而言，本港市民最常前往求診的是私家西醫，其次是衛生署／醫管局轄下門診部的西醫及私家中醫。[1]

就第二層、第三層及特別醫療而言，本港 43 間公營醫院和 12 間私家醫院，分別提供約 28,400 張及 4,600 張病床。醫管局轄下的公營醫院處理超過 80% 入院個案，佔整體病床日數近 90%。現時，差不多所有緊急個案都由公營醫院急症室處理。

4. 醫療專業人員

在 2011 年，本港約有 83,000 名須法定註冊的十三個醫療界別的專業人員。截至 2018 年年底，須法定註冊的十三個醫療界別專業人員增至約 106,000 名，包括 14,651 名醫生、2,553 名牙醫、472 名牙齒衛生員、56,723 名註冊護士及登記護士、[2] 4,445 名助產士、10,019 名註冊中醫及表列中醫、2,890 名藥劑師、2,224 名職業治療師、3,250 名物理治療師、3,767 名醫務化驗師、2,220 名視光師、2,393 名放射技師及 234 名脊醫。

二、醫療衛生開支

香港政府對醫療的重視有目共睹。根據香港的《2019/20 財政預算案》，2019/20 年度預算政府經常開支總額為 4,410 億元，比 2018/19 年度修訂預算增加 9%，即 363 億元。其中教育、社會福利及衛生佔政府經常開支接近六成，即超過 2,500 億元。最近五年，這三個範疇的經常開支累積增幅達 45%。

醫療衛生的經常撥款，由 2003/04 年度的 317 億元，增加至 2019/20 年度預算的 806 億元，增幅達 254%，佔政府經常開支總額的 18.3%。香港 2018 年的本地生產總值約為 28,453 億港元，[3] 政府在 2019/20 年度投放在醫療衛生方面的經常開支，約佔 2018 年本地生產總值的 2.8%。政府對於醫療衛生服務的承擔及重視在資源的投放上可見一斑。

1. 醫院管理局

政府亦在 2018/19 年度提高醫管局的經常資助近 60 億元，以增加病床數目、手術室節數、普通科和專科門診名額和相關人手等。自 2018/19 年度，政府以三年為一周期，按人口增長和人口結構變動逐步增加醫管局的經常撥款，使之能更有效地規劃資源。為應對流感高峰，政府自 2018 年連續兩年，每年額外預留一筆 5 億元的一次性撥款，讓醫管局推行紓緩措施，減輕前線醫護壓力。

有見前線醫護人員面對工作繁重，為提高士氣，政府會額外提供超過 7 億元經常資助，供醫管局優化挽留員工措施。此外，政府還額外預留 50 億元，推動醫管局加快更新或添置醫療設備的工作，提升醫療質素及效率，並增撥 4 億元經常資助，供醫管局擴闊藥物名冊，以納入更多藥物。考慮到公營醫療的重要性，政府亦會預留 100 億元作為公營醫療撥款穩定基金。

2. 硬件措施

在強化醫療服務的同時，政府需要確保醫療系統的可持續發展。為了應付因人口老化而日益增加的醫療服務需求，政府需要及早籌劃所需的醫療硬件設施。政府已在 2018/19 年度財政預算案公佈預留 3,000 億元作相關用途。

在推展第一個十年醫院發展計劃各項工程的同時，政府已邀請醫管局籌備第二個十年醫院發展計劃。初步構思計劃將涵蓋 19 個工程項目，涉及約 2,700 億元。有關工程全面落成後可額外提供超過 9,000 張病床及其他醫療設施，大致足以應付直至 2036 年的預計服務需求。

衞生署大部分診所在數十年前建成，其設施和環境已日漸陳舊和老化。為確保市民能夠在一個舒適的環境使用優質的醫療服務，衞生署會由 2019/20 年度起，分階段在其轄下診所進行更新及改善工程。衞生署現正選定一些診所作為改善項目的先導計劃。政府亦會籌劃其他公共醫療設施，例如社區健康中心和日間醫療中心等。

受惠於政府持續投放資源，市民得以繼續享用高度資助的公營醫療服務。現時，近 93% 的公營醫療服務成本由公帑資助。

三、香港衞生服務成績斐然

過去數十年，香港建立了一個高效率而且能提供優質服務的醫療系統，為市民提供方便以及可負擔的醫療服務。就多個健康指標而言，本港均名列前茅。根據 2018 年 9 月公佈的彭博健康護理效率指數，香港在 56 個經濟體中排名第一。

香港是全球嬰兒死亡率最低的地方之一，同時，亦是全球預期壽命最高的地方之一。香港的嬰兒死亡率由 1971 年每千名登記的活產嬰兒中有 18.4 名夭折，下降至 2017 年的每千名活產嬰兒只有 1.6 名夭折。在 1971 年，男性和女性出生時的預期壽命分別為 67.8 歲和 75.3 歲，在 2017 年則分別延長至 81.9 歲和 87.6 歲。

根據經濟合作及發展組織資料庫備存的數據，在 2016 年，組織成員國的平均嬰兒死亡率為每千名活產嬰兒有 3.9 名夭折，男性和女性出生時的預期壽命分別為 77.9 歲和 83.3 歲。

四、香港醫療系統面對的挑戰

跟許多先進經濟體系一樣，本港的醫療系統正面臨多方面的挑戰。人口急速老化，市民對醫療服務的要求不斷上升，社會日趨富裕，長期病患和與生活方式有關的疾病患病率不斷上升，傳染病的持續挑戰，醫療開支的增長速度比整體經濟增長速度為快，這些問題如果不及早解決，會為將來的社會造成沉重的負擔。

眾多挑戰中，人口結構轉變對醫療服務需求的影響最為迫切。

截至 2018 年年中，本港人口為 745 萬人，推算本港人口會在 2043 年年中達至頂峰的 822 萬人。在 1993 年，65 歲或以上人士佔全港人口的 9%，這比例在 2016 年增至 17%，並預期這個比例會進一步增至 2036 年的 31% 及 2066 年的 37%。預期到 2046 年，每三人中約有一人為 65 歲或以上。本港老年撫養比率（即 65 歲或以上人口數目與每千名 15 至 64 歲人口相對的比率）會由 2016 年的 397 增加至 2066 年的 844。[4]

就醫院病床使用率而言，65 歲或以上人士的需求較年輕人士高約九倍，而 85 歲或以上人士的病床使用率較 65 歲以下人士高接近二十倍。每名長者每次入院的平均住院日數為 9.7 日，非長者的病人則為 5.3 日。由於長者對醫療服務的需求遠高於其他人士，上述人口結構改變，勢必對本港的醫療系統構成沉重的壓力。

五、醫療人力規劃和專業發展策略檢討

面對上述挑戰，政府及醫管局通過與私營醫療系統合作，在過去數年對醫療系統進行了重大改革，以確保系統得以持續發展。除了改善基層醫療服務、通過加強基礎設施和規管（包括改善私營醫療設施規管）以推動醫院服務的發展、改善公營醫療系統和推動以公私營協作方式提供醫療服務及推行自願醫保計劃外，政府更致力制訂醫療人手策略，以確保有充足的合資格醫療人員應付未來的需求及支援醫療系統的發展。

政府於 2012 年成立督導委員會，進行首次涵蓋全港的醫療人力規劃和專業發展策略檢討。檢討的目的是評估各個醫療專業的人力需求，並就如何應付預計的醫療人力需求、加強專業培訓，以及促進專業發展提出建議。

檢討範圍主要涵蓋十三個須進行法定註冊的醫療專業，包括醫生、牙醫及牙齒衛生員、護士及助產士、中醫、藥劑師、職業治療師、物理治療師、醫務化驗師、視光師、放射技師和脊醫。政府亦藉着是次機會檢視現時毋須進行法定註冊的醫療專業，例如言語治療師、臨床心理學家、教育心理學家、聽力學家及營養師等。

1. 策略檢討建議

為期五年的策略檢討已於 2017 年完成，並於同年 6 月發表報告。督導委員會提出了十項建議，五項建議有關醫療人手，另外五項建議則關於專業發展和規管。

其中有關醫療人手的五項建議如下：

（1）公帑資助的醫療培訓

政府應考慮為那些中長期仍面對人手短缺的醫療專業增加大學教育資助委員會（下稱「教資會」）資助學額。[5]

（2）自資的醫療培訓

政府應善用自資界別提供培訓，以協助應付部分對醫療專業日益增加的人手需求（特別是護士、職業治療師、物理治療師、醫務化驗師、視光師及放射技師），並為自資界別提供基礎設施和資金方面的支援。政府應通過指定專業／界別課程資助計劃，繼續適當地為修讀人手短缺的醫療專科（特別是專職醫療學科）的學生提供資助，以支持自資高等教育界別健康持續發展，並配合教資會資助院校界別，提供更廣和更多元化的學習機會。

（3）公營界別的醫療人手

為解決短中期的人手短缺問題，醫管局應盡力挽留現有的醫療專業人員，並吸引退休醫生及其他醫療專業人員在退休後繼續在公營界別服務，這樣有助短期紓緩醫管局醫生人手短缺的情況。為紓緩人手短缺的問題，醫管局應繼續通過有限度註冊方式聘請非本地培訓醫生來港執業。自《2018年醫生註冊（修訂）條例》生效後，有限度註冊的期限已由不超過一年，延長至不超過三年，將有助醫管局聘請更多非本地培訓醫生，在短期內紓緩其醫生人手短缺的問題。

（4）非本地培訓的醫療專業人員

在維持專業水平的前提下，管理局及委員會應考慮適度調整現行的安排，包括但不限於有關執業資格試、實習和有限度註冊（如適用）的安排，以協助合資格的非本地培訓醫療專業人員（尤其是港人子女）來港執業。政府應積極加強在海外推廣和宣傳有關註冊安排，並主動進行針對性的招聘計劃，吸引非本地受訓的醫療專業人員（特別是香港居民和與香港有深厚關係的人士）來港執業。

（5）醫療人力規劃和推算

政府應配合教資會的三年規劃期，每三年進行一次醫療專業人員人力規劃和推算工作。

2. 跟進及落實建議

要落實督導委員會的建議，實在有賴政府、醫管局、有關規管機構、醫療專業人員和其他相關持份者的共同努力。

（1）醫療培訓學額

教資會資助學額：過去十年，由教資會資助的醫療培訓學額，大增約六成至接近 1,800 個。

表 10-1：過去十年由教資會資助的醫療培訓學額增幅

類別	過去十年教資會資助的培訓學額增幅（學額）	過去十年教資會資助的培訓學額增幅（%）
醫生	250 → 470	約 90%
護士	518 → 630	約 20%
職業治療師	40 → 100	約 150%
物理治療師	60 → 130	約 120%
醫務化驗師	35 → 54	約 50%
視光師	35 → 40	約 10%
放射技師	35 → 110	約 210%

由 2019/20 學年起，政府會進一步增加醫生、牙醫、護士和相關專職醫療人員的資助學額。教資會資助的第一年學士學位醫療學額將增加超過 150 個（包括 60 個醫科、60 個護理及逾 30 個牙科和專職醫療學額），由每年約 1,780 個增至約 1,930 個。

自資界別亦蓬勃發展。因應專職醫療人員（特別是社福界）的人手短缺，政府自 2015/16 學年開始，通過指定專業／界別課程資助計劃資助學生修讀自資醫療培訓課程。在 2019/20 學年，通過指定專業／界別課程資助計劃，資助了 1,320 個學生就讀自資醫療學士學位課程（包括 1,160 個護理、50 個物理治療學、50 個職業治療學，45 個醫療化驗科學及 15 個放射治療學額），比 2018/19 學年增加 460 個學額。

（2）醫療教學設施

為了增加教資會資助大學的醫療專業培訓容量，政府已在 2018/19 財政預算案公佈預留的 3,000 億元初步預算中預留約 200 億元，以提升和增加香港大學、香港中文大學及香港理工大學的教學設施，進行短、中及長期的工程項目。

政府會按建議項目的準備程度和迫切性，分階段將建議提交立法會審議，務求能適時應付三所大學擴充的需要。政府希望能盡快通過有關撥款，使三所大學能即時進行短期的設施改善工程，以及展開中期興建教學大樓及臨床培訓附屬設施的規劃研究以及其他的擴展工程，以滿足短中期的擴展需要。

就中期的項目，待完成相關的顧問研究，政府會盡快向立法會提交撥款建議。就長期的項目，政府會繼續協助三所大學積極研究擴建的方案。

（3）妥善規劃醫療人手以配合未來醫療服務的發展

鑒於人力供求情況複雜多變，我們應以審慎和循序漸進的方式，妥善規劃醫療人手的供應。醫療服務的供應取決於醫療專業的人手供應。假如人手短缺的情況可能會持續一段長時間，則須在長遠措施見效之前，確保公營醫療界別有穩定的人手供應為市民提供服務。

如預期個別專業人手充足，亦不一定需要調整供應，反而可藉此機會計劃改善及／或擴展服務。如各醫療專業的人手供應得以紓緩，公營醫療系統和社福界別會有更大空間和靈活性規劃服務及推行嶄新或改良的服務模式，以應付人口老化為社會帶來的需要和挑戰。

我們期望通過推行醫療人力規劃的建議，可以確保香港有充足的醫療專業人員，以配合未來醫療服務的發展。另一方面，我們亦可以根據現時人力推算結果，適度調配人力資源，以改善及加強服務。

六、未來路向

政府醫療衛生的政策方向，是聚焦工作和投放資源大力推動基層醫療健康、改善醫療體系及服務、推動醫療科技發展，以及積極推動香港中醫藥的發展。

為持續監察醫療專業人員的人手情況，政府會配合大學教資會的三年規劃期，每三年進行一次醫療專業人員的人力規劃和推算工作。新一輪人力推算工作經已展開，預期於 2020 年公佈結果。政府亦會跟進落實《醫療人力規劃和專業發展策略檢討報告》的建議，為長遠的醫療人力需求作前瞻性規劃。

七、結語

　　多年來，本港的醫療系統因應社會需要和期望不斷演變和發展。憑着醫療專業人員的努力，本港的醫療系統與日俱進，在國際間冠絕大部分醫療範疇，成績得來不易。但面對社會不斷老化，市民對醫療服務的期望日漸提高，我們不能滿足於現狀。

　　為了市民的健康福祉和本港的未來發展，一個可持續發展的醫療系統至為重要，亦必須配以充足的醫療專業人手支援。我們必須未雨綢繆，為將來投放資源，以令香港繼續成為一個宜居城市和關愛社會。

註釋：

1　《主題性住戶統計調查第 58 號報告書》，政府統計處（2015）。

2　以註冊人數計算。有個別人士或會持有兩個甚至三個註冊，如同時為註冊護士、登記護士及註冊助產士。

3　初步數字，來自政府統計處《本地生產總值（季刊）2018 年第 4 季》。

4　政府統計處：《香港人口推算 2017－2066》。

5　在這方面，須考慮教資會資助院校在提供學位方面的限制，以及保持他們在配置教資會資助第一年學士學位學額的靈活性（即若第一年學士學位課程學額須維持在每年 15,000 個，如何處理同樣面對人手短缺的非醫療專業學科），以及市場上是否有自資課程等因素。

□ 責任編輯：吳黎純
□ 裝幀設計：高 林
□ 排　版：楊舜君
□ 印　務：劉漢舉

香港經驗叢書

香港基層醫療健康護理服務：
願景與挑戰

□
叢書主編
羅金義

□
本書主編
佘雲楚

□
著者

佘雲楚　李大拔　周奕希　曾永康　蘇穎欣　陳胡安琪
彭耀宗　胡永祥　林國璋　何寶英　方毅

□
出版
中華書局（香港）有限公司
香港北角英皇道 499 號北角工業大廈一樓 B
電話：（852）2137 2338　傳真：（852）2713 8202
電子郵件：info@chunghwabook.com.hk
網址：http://www.chunghwabook.com.hk

□
發行
香港聯合書刊物流有限公司
香港新界大埔汀麗路 36 號
中華商務印刷大廈 3 字樓
電話：（852）2150 2100　傳真：（852）2407 3062
電子郵件：info@suplogistics.com.hk

□
印刷
美雅印刷製本有限公司
香港觀塘榮業街 6 號海濱工業大廈 4 樓 A 室

□
版次
2019 年 9 月初版
© 2019 中華書局（香港）有限公司

□
規格
16 開（230 mm×170 mm）

□
ISBN：978-988-8573-01-1